Frank Fabian

Pssst!

Es geht um Ihr GELD!

Frank Fabian

Pssst!
Es geht um Ihr GELD!

Wie Sie sicherstellen, dass Sie Banken, Versicherungen und Vater Staat ein Schnippchen schlagen

Alle Angaben dieses Buches sind ohne Gewähr. Kein Prophet und kein Investment-Guru dieser Welt kann mit 100% Sicherheit voraussehen, wie sich Märkte entwickeln und welches Investment also „richtig" und welches „falsch" ist. Die Informationen in diesem Buch sind nach bestem Wissen und Gewissen recherchiert. Aber für mögliche Verluste können weder Autor noch Verlag Verantwortung übernehmen.

Wirtschafts Verlag W. V. GmbH / Mittelstands-Akademie
Lauwetter 25, 98527 Suhl
Tel. 0 36 81 / 3 53 58 49
Fax 0 36 81 / 30 02 09

Autor: Frank Fabian / Historiker

www.wirtschaftsverlag-suhl.de
www.mittelstands-akademie.com

ISBN: 978-3-936652-22-2

Made in Germanyv

INHALT

1. DER GROSSBETRUG

In diesem Buch geht es um *Ihr* Geld, um nichts anderes. Es geht um *Ihren* Vorteil in Sachen Finanzen.
Steigen wir ohne Schnörkel gleich ein und werfen wir die provokativen Fragen auf: Welche Informationen verschweigen Ihnen Banken und Versicherungsgesellschaften eigentlich? Und was ist faul, was die Steuern angeht, welche der scheinbar ach so treusorgende „Vater Staat" regelmäßig abgreift?
Fest steht, wir werden heute an allen Ecken und Enden zur Ader gelassen, wir werden ausgeräubert, dass es eine Schande ist.
Wenn wir dies ändern wollen, wenn *Sie* dies ändern wollen, müssen Sie sich jedoch sachkundig machen. Wenn Sie den Job delegieren und abwälzen wollen, sind Sie verraten, verratzt und verkauft. Warum? Die meisten „Finanz-Berater" oder „Banken-Berater" haben durchaus nicht *Ihren* Vorteil im Auge, sie denken in erster Linie an sich selbst.
Banken-Berater erhalten beispielsweise „von oben" den Befehl, dass sie in der kommenden Woche, die vor der Tür steht, 20 neue Bauspar-Verträge mit den Bank-Kunden abschließen müssen – auf Teufel komm` raus. Das ist das Verkaufs-Ziel, das ist die Vorgabe.
Sie verstehen?
Und der Versicherungs-Agent? Nun, wenn er freiberuflich tätig ist, verdient er keinen müden Cent, wenn er Ihnen nicht eine Versicherungs-Police aufs Auge drückt.
Über Drückerkolonnen, die Lebensversicherungen verscherbeln, könnte man abenteuerliche Stories schreiben. Um die eigenen Vertreter zu „motivieren", Kunden massenhaft Lebensversicherungen aufs Auge zu drücken, verspricht man ihnen exotische Reisen, macht ihnen teure Sachwert-Geschenke und lädt sie auch schon einmal in das eine oder andere zweifelhafte Etablissement ein.
Und Immobilien? Oh Gott! Wie viele von uns engagierten sich nicht treuherzig in einem Häuschen, das ihnen ein flinker, schnellzüngiger, „Immobilien-Experte" oder „Anlage-Berater" aufschwatzte? Wie viele von uns gerieten dadurch in die *Schulden-Falle*, wie man das nennen könnte. Sprich sie pumpten Geld wie ein Gardeleutnant, weil das angeblich klug war und man damit Steuern sparen konnte. In der Folge musste der frisch gebackene Immobilienbesitzer jedoch für sein Häuschen, das er gewöhn-

lich überteuert eingekauft hatte, ein Leben lang malochen, um den Spaß abzubezahlen.
Wir schätzen, dass rund 95% aller Zeitgenossen über den Löffel balbiert werden, was es um das Thema *Geld* oder *Geld-Anlage* geht.
Dabei versucht jeder von uns diesem elenden Kreislauf des Geldverdienen-Müssens zu entkommen, diesem furchtbaren ökonomischen Zwang, der fast alle von uns zu einer Art Sklave degradiert, denn wir schuften ja für andere, meist für eine Bank. Die meisten von uns verhalten sich wie ein Hamster in einem Schwungrad: Sie treten immer auf der gleichen Stelle.
Zur wirklichen Freiheit – und diese garantiert doch angeblich die Demokratie –gehört jedoch auch und vor allem die ökonomische Freiheit, die finanzielle Freiheit. Das bedeutet, Sie müssen unter dem Strich immer mehr EINGENOMMEN als AUSGEGEBEN haben.
Die folgenden Seiten zeigen Ihnen einen klaren und einfachen Weg auf, wie Sie diesem Hamster-Schwungrad entrinnen können.
Aber das ist nur möglich, wiederholen wir, wenn Sie sich selbst sachkundig machen.
Mit anderen Worten: Lesen Sie dieses Buch!

DIE MAUSEFALLE

Was also ist die Lösung? Nun theoretisch ist es scheinbar nur notwendig, dass Sie die Strategien gutbetuchter Zeitgenossen in Augenschein nehmen und demütig lernen. Aber ach, selbst und gerade „Millionären" kann man selten vertrauen – speziell nicht dem Immobilien-Hai. Der älteste Trick der Welt besteht darin, anderen weißzumachen, man selbst sei super erfolgreich und habe den Stein der Weisen gefunden, was das *Geldverdienen* oder die *Geld-Anlage* angeht, so dass die neugierig werden und man sie daraufhin bequem schröpfen und ausnehmen kann, wie eine Weihnachtsgans.
Es ist richtig, von erfolgreichen Zeitgenossen zu lernen, aber das heißt nicht unbedingt, dass man in jedem Fall auch ihre Produkte kaufen muss.
Trotzdem gibt es doch offenbar eine Handvoll intelligenter Zeitgenossen, die diesem Hamsterrad entkommen sind. Noch einmal: Was ist mit all diesen Beratern? Ach, gerade viele Geldprofis machen sie interessanterweise nie auf die *springenden Punkte* aufmerksam, auf die es wirklich ankommt. Von Anlageberatern, Immobilienhaien, Bankern, Versiche-

rungsfritzen, Vermögensberatern und so fort werden Sie im Gegenteil systematisch und oftmals irregeführt. Die meisten dieser „Berater“ leben sehr gut davon, dass sie die *wirklich bedeutsamen Informationen* ihren Kunden verschweigen.

Noch schlimmer verhält sich „Vater Staat“. Der Staat greift inzwischen mit einer Unverschämtheit Steuern ab, das es einem schlecht werden kann. Der Staat befindet sich ständig in Geldnöten, weil er kontinuierlich die Spendierhosen anhat. Und also erhöht er regelmäßig die Steuern, er schröpft seine Bürger mehr und mehr, selbst in unseren ach so demokratischen Staaten, die Schweiz bildet eine rühmliche Ausnahme.

An allen Ecken und Enden werden wir bestohlen – sorry, aber uns steht kein besserer Ausdruck zur Verfügung. Natürlich geschieht dieser Diebstahl, dieser Raubzug, „im Rahmen des Gesetzes“, alles ist ganz legal. Wir werden also ganz legal zur Ader gelassen und ausgeplündert.

Tatsächlich gibt es viele Fragen, die beantwortet werden müssen, wenn Sie tatsächlich daran interessiert sind, aus dem Hamsterrad zu entkommen. Einige Fragen lauten etwa:

- Von welchen Versicherungen und Finanzprodukten sollten Sie unbedingt die Finger lassen?
- Was hat es mit den ominösen, geheimnisvollen Investmentfonds auf sich, die zur Zeit in aller Munde sind?
- Wie sollten Sie Aktien beurteilen? Werden hier nicht die größten Gewinne abgeschöpft?
- Und wie muss man über Immobilien denken? Wie können *Sie* blitzschnell eine gute Immobilie von einer schlechten unterscheiden?
- Oder sollte man sein Geld aus Sicherheitsgründen nicht doch besser in Gold anlegen?

Alle diese Fragen werden in dem vorliegenden Buch beantwortet, aber auf eine Art und Weise, dass *Sie* die Zusammenhänge verstehen und Sie sofort handeln können – ohne dass sie zu einem „Berater“ Zuflucht suchen müssen.

Es sollte in diesem Zusammenhang festgehalten werden, dass wir mit keiner Bank, keiner Versicherungsgesellschaft, keiner Bausparkasse und keinem Finanzberater, Vermögensberater, Immobilienunternehmen oder Anlageberater „liiert“ sind. Sie halten also eines der seltenen, völlig unabhängigen, neutralen Bücher über Geld in der Hand. Keine „Finanz-Weltanschauung“ und keine „Anlage-Gesellschaft“ stand Pate bei diesem Buch.

Die vorliegenden Seiten wollen lediglich aufklären und korrekte Informationen vorstellen, die normalerweise nur hinter vorgehaltener Hand weitergegeben werden.
Noch einmal: Es geht um *Ihr* Geld.
Und es geht darum, dass *Sie* in Zukunft ein fundiertes Urteil in Finanzfragen fällen können.
Die folgenden Informationen sind explosiv, um das mindeste zu sagen. Selten oder nie werden sie preisgegeben, vielleicht weil man damit der stärksten Macht ins Gesicht schlägt, die momentan auf Planet Erde existiert: der Banken-Macht.
Aber es kann nicht angehen, dass wir von frühester Jugend an manipuliert und an der Nase herumgeführt werden. Pathetisch gesprochen: Dies ist *Ihr* Leben, und niemand sollte darüber bestimmen dürfen außer Ihnen selbst.
Wenn Sie erst einmal wissen, wie der Hase läuft und was die wirklich wichtigen Informationen sind, eröffnen sich Ihnen plötzlich unendliche Chancen. Wenn Sie beginnen, die richtigen Maßnahmen zu ergreifen, ändert sich Ihr Leben von Grund auf.

Aber welche Informationen benötigen Sie *wirklich*?
Das ist die erste Frage, die wichtigste Frage.
Lassen wir die Katze also aus dem Sack.

2. KLEINER BLICK IN DIE GESCHICHTE

Nichts ist enthüllender als die Geschichte des Geldes.
Besonders explosiv wird die Historie des Mammons, der Münzen und der Moneten, als der Zins und mit ihm der Zinseszins auf einmal das Licht der Welt blickte.
Es handelt sich hierbei um das heißeste Thema überhaupt. Nur wenige Zeitgenossen wissen wirklich, was Zinsen und Zinseszinsen in letzter Konsequenz bedeuten – tatsächlich sind die Auswirkungen immens.
Wenn man dieses Thema tatsächlich versteht, in vollem Umfang, kann man wenigstens drei Erkenntnisse gewinnen, die das eigene Verhalten in puncto Geld von einem Tag auf den anderen vollständig verändern!
Aber bevor wir diese Erkenntnisse oder Einsichten vorstellen, sollten wir zunächst noch einmal einen Schritt zurückgehen und im Schnelldurchgang betrachten, wie sich unser Verhältnis zu dem lieben Geld überhaupt vormals entwickelte.
Die Mächtigen dieser Welt diktierten im Lauf der Historie gewöhnlich, ob es „richtig" war, arm wie die sprichwörtliche Kirchenmaus zu sein oder ob es erlaubt und korrekt war, etwas zu besitzen. Heute wird gerne vergessen, dass in unseren Breiten Geld und Besitz lange verteufelt wurden. Erinnern wir uns: Das „richtige" Denken und damit auch das Verhältnis zu Geld wurde in unseren Breiten buchstäblich Jahrtausende lang bestimmt durch das Christentum. Gönnen wir uns in diesem Zusammenhang den Blick auf eine Ungeheuerlichkeit, die uns noch heute sprachlos macht.

SIMEON STYLITES

Betrachten wir einmal das Leben des Simeon Stylites.
Bei Simeon Stylites (der Ältere) handelte es sich um den vielleicht berühmtesten Säulenheiligen des Altertums. Er genoss eine unvorstellbare Popularität: Das einfache Volk pilgerte zu ihm ebenso wie die mächtigsten Männer seiner Zeit. Sie wallfahrten zu ihm, ließen sich von ihm beraten und erbaten seinen Segen. Während Würmer in seinen Beinen nisteten und er auf einer Säule aushielt, bei Wind und Wetter, machte er nicht selten hohe Politik und war zeitweise bekannter als so mancher Lokalfürst. Gleichzeitig war er allen ein Vorbild, was den Umgang mit Reichtum und Geld anging.

Simeon wurde im Vorderen Orient um 390 n. Chr. geboren. Grundsätzlich war er der Gilde der Asketen zuzurechnen, die damals eine ungeheure Beliebtheit genossen und allenthalben als Heilige gefeiert wurden. Viele verzichteten darauf, unter Menschen zu leben, ja überhaupt von Menschen gesehen zu werden. Sie lebten manchmal wie Tiere in Höhlen, wie Maulwürfe vergruben sie sich in die Erde, so dass man sie mitunter auch „Maulwurfsheilige" nannte. Sie kasteiten sich mit schmerzhaften Geißeln, verzichteten manchmal tage- und wochenlang auf Nahrung, waren gewöhnlich splitterfasernackt und verhüllten ihre „Unkeuschheit" lediglich durch überlange Bärte.
Sie tummelten sich in den Wüsten Ägyptens, Arabiens oder Syriens. Angeblich gab es allein in den Wüsten Ägyptens gegen Ende des 4. Jahrhunderts über 24.000 solcher Asketen, die in ärmlichsten Hütten hausten, manchmal auch wie schon gesagt in Erdlöchern oder in der Nähe großer Felsen oder Grotten. Gern zimmerten sie sich kleine Zellen, die so winzig waren, dass man in ihnen nicht liegen konnte, sondern nur stehen.
„Der hl. Maron vegetierte elf Jahre in einem hohlen, innen mit riesigen Dornen gespickten Baum. Das sollte ihn ebenso an jeder Bewegung hindern wie ein kompliziertes Steingehänge um seine Stirn." [1]
Andere beluden sich mit Steinen oder Eisen, so dass sie kaum oder nur gebückt gehen konnten. Sie aßen nur, was die Natur ihnen darbot, Gras, Pflanzen sowie Baumrinde und lebten oft wie wilde Tiere. Ein Heiliger lebte jahrelang mit einer Büffelherde, aß das Gras auf dem Feld und wärmte sich an den Fellen der Tiere, um das Himmelreich zu gewinnen. Um den Preis der ewigen Seligkeit gab es sogar einige Asketen, die nicht nur in vollständiger Armut lebten, die sie zum höchsten Ideal erhoben hatten, sondern sie verzichteten auch auf das Privileg der Bewegung; es handelte sich um die sogenannten *Steher.* Tagelang, nächtelang, wochenlang, bei Wind und Wetter, bei Regen und unter sengender Sonne, standen sie unbeweglich wie Pfähle, während Wallfahrer und Gaffer sie aufsuchten, um sie zu bewundern, um Geld zu spenden und um Rat zu suchen. Die *Steher* taten nichts anderes als zu singen, zu schweigen oder zu beten; einige hielten sich wach, indem sie sich nachts ein Seil unter den Achselhöhlen befestigten, um nicht umzufallen. Die Heiligsten unter den Stehern, die dem Himmel im wortwörtlichsten Sinne näher kommen wollten, waren die sogenannten *Säulenheiligen,* die die Gipfel asketischer Hingabe erklommen. Sie wurden auch *Styliten* genannt (von griech. *Stylos = Säule),*

und genossen höchste Verehrung. Syrien war das Land, wo diese Säulenheiligen oder Styliten besonders häufig anzutreffen waren. Unter ihnen gab es wie gesagt jenen Simeon, den Älteren, der bereits eine erstaunliche Karriere hinter sich hatte.
Seine Biographie begann in einem christlichen Kloster als Viehhüter, wo er „ein Jahrzehnt so überspannt (Busse tat), dass ihn die Mönche nicht mehr ertragen (konnten) und seinen Abschied verlangten.“ [2]
Simeon begab sich daraufhin in einen ausgetrockneten Brunnen, wo er fünf Tage lang sang, zum Lob Gottes. Daraufhin ließ er sich einmauern, konkret im Jahre 412, um zu fasten. Er verweigerte wochenlang jede Nahrung. Als nächstes ließ sich Simeon an einen Felsen schmieden. Jetzt erst begann sich sein Ruhm zu verbreiten. Scharen von Pilgern machten sich auf, um den Festgeketteten zu bewundern und ihm Geschenke zu bringen. Das Wetter zerfetzte seine Kleidung, die Sonne trocknete ihn aus, der Regen durchnässte ihn bis auf die Knochen – aber Simeon focht das alles nicht an. Er hielt die Augen zum Himmel gewandt, um der Erkenntnis teilhaftig zu werden oder Gott zu dienen. Oder beides. Er avancierte zu einer regelrechten Berühmtheit. Geschenke wurden ihm von frommen Pilgern dargebracht, jeder wollte ihn zumindest einmal berühren. Ein Fetzen seiner Kleidung galt als begehrte Reliquie.
Aber Simeon war noch immer nicht zufrieden. Er wollte dem Himmel noch näher sein, und dafür gab es nur eine Möglichkeit: Er bestieg eine Säule. Zunächst begann er mit einer relativ niedrigen Erhebung, die fünf, sechs, dann elf Meter über den Boden ragte. Später kletterte er auf eine Säule, die 25 Meter hoch war. Traut man den christlichen Legenden, stand er hierauf mehr als 30 Jahre lang. Er war dem Regen ausgesetzt und dem Sturm, denn er verzichtete auf ein Dach über seiner Säule, im Gegensatz zu anderen Styliten. Auf seiner Säule predigte er nun den Pilgern, die ihn nach einer Weile in Scharen aufsuchten. Die Legende berichtet, dass Simeon während der ganzen Nacht die Arme zu Gott emporreckte, wobei er nie die Lider schloss. Er aß angeblich nur einmal in der Woche, betete aber täglich. Fromme Wallfahrer beobachteten bis zu 1.244 Anbetungen am Tag. Nach einiger Zeit war der Körper Simeons mit Wunden übersät. Geschwüre wuchsen an den Gliedern, die langsam in Fäulnis übergingen. Würmer verlustierten sich in seinem Fleisch. In einem seiner Geschwülste am Schenkel befanden sich offenbar besonders viele Würmer; als sie eines Tages aus dem Fleisch herauskrochen und herabfielen, erst auf die

Säule und von der Säule auf die Erde, befahl er den Wallfahrern, die heruntergefallenen Würmer aufzuheben und sie ihm wieder in seine Wunden zu setzen. Seine Argumentation: auch Würmer wollen leben und sollen essen, was Gott ihnen gegeben hat!
Der Ruhm Simeons des Älteren wuchs und wuchs. Schlussendlich war er populärer als selbst die Apostel. Er heilte angeblich allein durch seinen Speichel viele Kranke, aber man riss ihm auch einzelne Haare aus seinem Fell, das ihn nur notdürftig bedeckte, um eine Berührungsreliquie zu besitzen. Der Staub zu seinen Füßen wurde aufgelesen und in Fläschchen verpackt (sog. „Gnadenstaub“). Die Fläschchen wurden mit Simeons Abbild versehen und verkauft. Aber des Guten noch nicht genug: Wallfahrten und Prozessionen wurden organisiert. Ein „ganzer menschlicher Ozean“ (Deschner) ergoss sich zu dem berühmtesten aller Säulenheiligen, um ihm und damit dem Himmel näher zu sein. Perser, Äthiopier, Gallier und Briten suchten ihn auf, aus fernsten Ländern eilten seine Verehrer herbei. Man erbat seinen Rat, suchte sich von Krankheiten heilen zu lassen, ließ sich taufen oder von ihm beschimpfen.
Siebzigjährig starb Simeon Stylites schließlich. Über sechshundert Soldaten mussten seinen Leichnam schützen, denn reliquiengeile Räuber stürzten sich auf jeden einzelnen Überrest seiner Leiche. Die Säule selbst avancierte zum Heiligtum. Über 200 Schüler errichteten in der Folge in ihrer Nähe Zellen. Der Grundstein für spätere Klöster war damit gelegt.

DAS IDEAL DER ARMUT

Halten wir ein! Welch ein Spektakel, welch eine Show, was für ein unvergleichlicher Zirkus! So urteilen wir Heutigen vielleicht über Simeon Stylites. Hinzufügen muss man indes, dass solche Informationen natürlich auf frommen Legenden beruhen, deren Erfinder schon immer schamlos übertrieben: Der Spaß verkaufte sich so besser.
Warum wir das Leben Simeons an dieser Stelle nacherzählen, besitzt nur einen einzigen Grund: Es galt, aufzuzeigen, dass das *Christentum* zunächst eine geldfeindliche Philosophie kultivierte. Ihre prominentesten Vertreter waren die Asketen, von denen Simeon Stylites nur ein Beispiel darstellt, wenn auch ein spektakuläres. Neben ihm gab es Hunderte, ja Tausende von Asketen, Anachoreten, Einsiedlern und Mönchen, die ebenfalls gänzlich dem Besitz absagten. Geld war des Teufels. Die Verlockungen, die Besitztümer darstellten, wurden vom Satan persönlich in

Szene gesetzt und dienten nur dazu, die Seele vom Himmelreich fernzuhalten.
Forscht man nach der Quelle dieser besitzfeindlichen Einstellungen, so stößt man auf das *Neue Testament* und *Jesus Christus.*
Jesus empfand für Geld offenbar nur Verachtung und lehnte es ab, Reichtümer anzuhäufen. Speziell den Armen versprach er das Himmelreich. Er selbst war stets ein Freund der Ausgestoßenen, der Armen, der Zöllner und der Sünder. Das Neue Testament spricht von dem „Betrug des Reichtums" und droht, dass die Reichen schlussendlich leer ausgehen würden, am Tag des Jüngsten Gerichtes. Und wer kennt nicht den Ausspruch, dass eher ein Kamel durch ein Nadelöhr geht als ein Reicher in das Himmelreich? Jesus, berichtet uns die Bibel, wies auf die Vögel des Himmels hin, die nicht säen und doch ernten. Das *Neue Testament* lehrt, sich nicht um den nächsten Tag zu sorgen und nicht zu fragen: Was werden wir essen? Was werden wir trinken?
Fest steht, dass solche Ratschläge, solche Auswertungen, solche Logiken das Denken von Milliarden von Menschen beeinflussten, rund zwei Jahrtausende lang, selbst heute begegnet man ihm nach wie vor.
Betrachtet man das Problem jedoch als Geschichtswissenschaftler, so muss man zugeben, dass die Mehrzahl der früheren Christen, die ersten Christen, *Sklaven* waren. Die Ärmsten der Armen, die vom Schicksal Gebeutelten und die Hungerleider bildeten die ersten christlichen Gemeinden – und dieser Klientel musste man gerecht werden. Man musste ihnen die offensichtliche Ungerechtigkeit der Welt erklären, musste ihnen Hoffnung geben und musste die Reichen umgekehrt abkanzeln.
Im *Jakobusbrief* wird den Reichen prophezeit, dass ihr Reichtum verfaulen, ihre Kleider von Motten zerfressen und ihr Gold und Silber verrosten würde. Der Tag der Schlachtung wird ihnen angedroht. Den bettelarmen Zeitgenossen hingegen werden die himmlischen Freuden ausgemalt. Die Flammen der Hölle sind für die Reichen, der Honig des Himmels für die Armen.
Und so verließen viele Gläubige Weib und Kind, um dem HERRN nachzufolgen. Besitzende verschleuderten ihre Habe und verschenkten ihre Reichtümer, um auf keinen Fall des Himmelreiches verlustig zu gehen. Am radikalsten verhielten sich wie gerade beschrieben die Asketen. Aber auch viele Mönchsorden nahmen die angeblichen Worte Jesu wörtlich. Einige Ordensgründer erhoben die Armut zum Ideal, und es ist keine

Übertreibung zu sagen, dass bis heute Millionen Menschen buchstabengetreu an die „Wonnen der Besitzlosigkeit" glauben.

DOPPELMORAL

Spätestens nach dem 4. Jahrhundert n. Chr., da das Christentum sich rasant ausbreitete, da Missionare und eifrige Bekenner allerorten das WORT predigten, erreichte man schließlich auch eine ganz andere Klientel: die Reichen, die Begüterten. Es wäre indes ein Zeichen miserabler Propaganda gewesen, die Reichen vollständig zu verprellen. Deshalb musste das *Neue Testament*, mussten die Worte Jesu flugs uminterpretiert werden, da man ja nun ein weiteres Zielpublikum zu bedienen hatte. Und also finden sich mehr und mehr wohlwollende Worte gegenüber dem Geld und dem Besitz, bei den Kirchenvätern, bei den Bischöfen und bei den Päpsten.
Es wurde zwar nie darauf verzichtet, nach wie vor von der „Kirche der Armen" zu sprechen, denn hieraus rekrutierte sich die Masse der Gläubigen, aber mehr und mehr ging man dazu über, auch den Reichen ein Hintertürchen zum Paradies zu öffnen.
Und so entwickelte sich die schönste Doppelmoral, die man sich vorstellen kann. Theologen drücken das so aus: „Auch die Kirche als Körperschaft kam mit dem Reichtum in Berührung. Sie musste immer schwerere Lasten tragen und war daher gezwungen, sich nach Einkünften umzusehen." [3] Außerdem wurde es langsam attraktiv, Priester zu sein oder gar einen Bischofssitz zu ergattern. In der Regel bekam dieser Bischof von den eingesammelten Geldern so viel wie alle Armen zusammen: Es zahlte sich also aus, für die Armen eine Lanze zu brechen. Auf der einen Seite warnten die Priester vor den Verführungen des Geldes, auf der anderen Seite wurden sie selbst zunehmend wohlhabender. Außerdem durfte man nie die Reichen vor den Kopf stoßen. Und so redeten sie mit gespaltener Zunge und passten ihre Lehren und Ratschläge dem jeweiligen Publikum an, mit dem man es zu tun hatte. Selbst der „heilige" Kirchenlehrer Hieronymus gibt zu: „Wir brennen wahrhaftig vor Geldgier und indem wir gegen das Geld wettern, füllen wir unsere Krüge mit Gold und nichts ist uns genug." [4]
Anfänglich besaß die Alte Kirche vor allem Immobilien. Später kamen Naturalien hinzu, den „Zehnten" kennt schon das frühere 2. Jahrhundert. Das erste Schaf, das erste Rind, das erste Erzeugnis von Korn und Wein musste abgetreten werden. Der Empfänger all dieser Einnahmen war der

Bischof. Das System wurde immer ausgefeilter. Im 3. und 4. Jahrhundert favorisierte man schließlich folgendes Schema: Ein Viertel der Einnahmen behielt der Bischof, ein Viertel war dem übrigen Klerus reserviert, ein Viertel diente der Instandhaltung der Kirchengebäude und anderen Aufgaben, ein Viertel gab man den Armen.

Auf diese Weise wurde die Kirche, der „Stellvertreter Christi", immer reicher und reicher, immer fetter und fetter. Wir kennen bereits im Altertum Erzbischöfe, die Banken unterhielten, die Getreidehandel in großem und größtem Stil tätigten, ja die ganze Fabriken leiteten. Bischöfe waren als Unternehmer tätig oder Kaufleute, verliehen Geld gegen Zinsen oder Wucherzinsen, obwohl doch das Zinsnehmen Christen ausdrücklich untersagt war.

Auf diese ominösen Zinsen werden wir gleich zu sprechen kommen, sie sind des Pudels Kern.

Aber verfolgen wir zunächst die Kirchengeschichte noch ein wenig weiter.

Erzbischöfe kauften schließlich sogar ausländische Sklaven oder trieben weltweit mit allem Handel, was nicht niet- und nagelfest war. „Berüchtigte Händler waren die Bischöfe Felix von Nantes und Badegysilus von Mans. Auf dem Bischofsthron von Paris saß ein syrischer Kaufmann." [5]

Die reichsten Bischofssitze der Antike waren Alexandrien, Konstantinopel und Rom. Der Patriarch von Alexandrien besaß eine ganze Flotte (!) von Handelsschiffen. Im Umkreis Konstantinopels existierten auf kirchlichem Grund und Boden 1.100 Geschäftslokale. Besonders hinter reichen Witwen war die Kirche her. Geschichte gemacht hat das Erbe einer gewissen Olympias, einer schwerreichen Witwe, die Gold, Silber, Immobilien und Landgüter spendete, um sich das Himmelreich zu sichern. Außerdem verschlangen die kirchlichen Prachtbauten, die allenthalben entstanden, Unsummen von Geld.

Der Grundbesitz blieb lange das Lieblingskind der Bischöfe. Mit diesem Reichtum ging gewöhnlich ein prächtiges Leben einher. Die reichsten Kleider, die vornehmsten Kutschen, eine Vielzahl von Dienern, kurz ein Luxusleben erster Güte war die Folge. Bischöfe wetteiferten mit Königen, was ihren Besitz anging. Bischofsämter stellten jedenfalls immer fette Pfründe dar. Schon früh erkannten Päpste, wie lukrativ es war, Bischofs- oder Priesterämter zu verschachern. Der klerikale Ämterkauf wurde nur übertroffen vom Nepotismus. Eine regelrechte Orgie fand

in den folgenden Jahrhunderten in der „Kirche Jesu“ statt, was den (ursprünglich verteufelten) Besitz anging. Gesetze wurden erlassen (etwa unter Papst Alexander III.), die es Juristen nur erlaubten, gemeinsam mit dem örtlichen Bischof Testamente aufzusetzen, so dass nach dem Tod auch mit Sicherheit das Geld in den Schoß der Kirche floss.
Testamente konnten schließlich nur noch durch die Kirche bestätigt werden. Da ausschließlich die Priester mit dem Himmel auf Du und Du standen, erkauften sich viele Leute mit ihren Testamenten die ewige Seligkeit. Zumindest das Fegefeuer konnte durch Ablässe beträchtlich verkürzt werden. Im Laufe der Kreuzzüge verpfändeten viele Ritter und Grundherren ganze Ländereien an die Kirche. Da die Kirche selbst von den Steuern in vielen Territorien befreit war, wuchs der Kirchenbesitz schließlich schier ins Unermessliche.
„Es war nichts Ungewöhnliches, wenn eine Kathedrale oder ein Kloster mehrere tausend Güter mit einem Dutzend Städtchen oder gar der einen oder anderen größeren Stadt besaß. Dem Bischof von Langres [= Stadt im Nordosten Frankreichs] gehörte die ganze Grafschaft; die Abtei St.-Martin-de-Tours [Frankreich] herrschte über 20.000 Leibeigene; der Bischof von Bologna [Norditalien] hatte 2.000 Güter in seinem Besitz, desgleichen der Abt von Lorsch [Hessen]; die Abtei Las Huelgasin [Spanien] war Eigentümerin von vierundsechzig Ortschaften. In Kastilien besaß die Kirche um 1200 ein Viertel des Bodens, in England ein Fünftel, in Deutschland ein Drittel, in Livland die Hälfte.“ [6] Auch viele Klöster wurden unendlich reich. „Die Abtei Riquier [Nordfrankreich]... besaß 2.500 Häuser in der Stadt... und erhielt von ihren Pächtern alljährlich zehntausend Hühner, zehntausend Kapaune und fünfundsiebzigtausend Eier ...“ [7] Klöster wurden mächtig und allmächtig, wie Monte Cassino, Fulda, Cluny oder St. Gallen – in Italien, Deutschland, Frankreich und in der Schweiz. Sie verfügten schließlich über einen unvorstellbaren materiellen Besitz. Ihre Äbte waren einflussreiche Herren, oft weitaus mächtiger als Grafen und Barone. Viele Äbte und Bischöfe lebten das Leben reicher Müßiggänger, beschäftigten sich mit der Falknerei und der Jagd, gaben rauschende Fest und dienten zahlreichen schönen Damen und ihrem Bauch. Sie alle, sie alle aber wurden übertroffen von den Päpsten in Rom. Und während die „Kirche der Armen“ hungerte und darbte, während ihnen immer wieder das Ideal von den armen, aber guten Christen gepredigt wurde, schwelgten die meisten Päpste in unerhörtem Reichtum,

ließen den lieben Gott einen guten Mann sein und verfolgten machtpolitische Ziele mit dem Ehrgeiz von Fürsten und der Skrupellosigkeit von Königen.

DAS ZINSVERBOT

Lange Zeit war es Christen verboten, überhaupt Zinsen zu erheben.
„Falls du (einem aus) meinem Volk … Geld leihst, dann sei gegen ihn nicht wie ein Gläubiger; ihr sollt ihm keinen Zins auferlegen“, empfiehlt schon das Alte Testament. [8]
Auch im Christentum galt früh das Zinsverbot, seit dem 12. Jahrhundert ganz gewiss. Damit aber sind wir bei dem „heißesten“ Thema, das vorstellbar ist, denn Zinsen auf Kapital zu erheben bedeutete eine ungeheureVermehrung des Reichtums.
Natürlich wurde deshalb das Zinsverbot ständig unterlaufen. Der Orden der legendären christlichen Tempelritter beispielsweise, die eigentlich nur gehalten waren, Pilgern die Wege nach Jerusalem zu sichern, verliehen bereits früh Geld gegen Zinsen.
Templerische Niederlassungen und Burgen verwandelten sich plötzlich in Bankfilialen. Historiker urteilen, dass die Templer unversehens wichtiger wurden als selbst jüdische Geldverleiher oder italienische Handelshäuser. Sie arbeiteten bereits mit „Papiergeld“ und „Wechselbriefen“ und nahmen unverfroren Zinsen – und das im 12., 13. und 14. Jahrhundert – trotz aller Verbote! Und so häufte sich Geld, Gold und Silber in den Templerburgen an. Zusammen mit den Krediten, die sie reichen Kaufherren, Fürsten und sogar Königen gewährten, sowie den Wucherzinsen, die sie dafür verlangten, gerieten die Templer zu dem wohlhabendsten Orden ihrer Zeit. Die ersten Verleihgeschäfte der Templer sind ab dem Jahr 1135 bezeugt. [9]
Scheinbar durften nur die Juden Geld verleihen und Zinsen dafür nehmen. Den Juden war es im Gegenzug dafür verboten, Handwerke auszuüben. Vielerorts war es ihnen außerdem untersagt, Grund und Boden zu besitzen. Trotzdem wurden viele Juden unendlich reich durch den Zins und Zinseszins – einer der Gründe, warum sie teilweise so verhasst waren.
Doch viele helle christliche Köpfe wussten natürlich, dass die Erlaubnis, Geld gegen Zinsen zu verleihen, ein hoch attraktives Geschäft war. Und so wurde es einerseits „verboten“, reguliert und begrenzt, andererseits bediente man sich heimlich und ungesehen dieser fabelhaften Einkommensquelle.

1139 und 1215 bekräftigten die Päpste dennoch, dass es guten Christen untersagt war, Zinsen zu erheben – obwohl Ausnahmefälle ständig zugestanden und von geschickten Zeitgenossen umgangen wurden. Endlich aber war das Zinsverbot nicht mehr aufrechtzuerhalten. Etwa um das Jahr 1500 warf man es mehr oder weniger allerorten über Bord. Zinszahlung wurden legalisiert – das große „Bankgeheimnis“, wie es auch genannt worden ist, hielt überall Einzug. 1648 schaffte man das Zinsverbot offiziell ab.

Dennoch wandte sich Papst Benedikt XIV. im Jahre 1745 noch einmal gegen den Zins und wetterte gegen den Wucher, aber Papst VIII. hob das Zinsverbot endgültig auf – er konnte nicht gegen die Zeitenwende angehen.

Selbst die Praxis, Zinsen auf Zinsen zu erheben, wurde spätestens im 18. Jahrhundert üblich – Ausnahmen bestätigten nur die Regel.

Inzwischen waren zudem völlig neue Mächte auf den Plan getreten.

Kaufleute begannen Könige zu überflügeln, und Händler Päpste – was Verdienst, Besitz und Geld anging.

Ein neues Zeitalter brach an, die Machtverhältnisse änderten sich in einer atemnehmenden Geschwindigkeit.

Und heute sind Zins und Zinseszins geradezu eine Selbstverständlichkeit.

Doch worin besteht eigentlich das „Geheimnis“ des Zinses?

Zins und Zinseszins sind tatsächlich das „wahre Bankgeheimnis“. Betrachten wir es deshalb einmal sehr genau.

3. DIE MAGIE DES ZINSESZINSES

Wenn man einmal begreift, was der Ausdruck „Zinseszins" *wirklich* bedeutet, gerät man ins Staunen.
Scheinbar verstehen wir diesen Begriff.
Es handelt sich dabei sehr einfach um den Zins, der auf die Zinsen gezahlt wird. Wenn Sie also mit 1.000 Euro im Jahr beispielsweise 5% Zinsen erwirtschaften, so verfügen Sie nach einem Jahr über 1.050 Euro. Richtig?
Im zweiten Jahr wird jedoch nicht nur der ursprüngliche Einsatz, sondern auch der Zins verzinst. Daher der Ausdruck Zinseszins. Aus 1.050 werden somit im zweiten Jahr nicht 1.100 Euro. Das wäre nur der Zins. Die 50 Euro aus dem 1. Jahr erwirtschaften ebenfalls Geld. Nämlich bei 5% genau 2,50 Euro.
Man würde also nach dem zweiten Jahr über 1.102,50 Euro verfügen. Scheinbar handelt es sich hierbei nur um eine unbedeutende, kleine Mehrsumme. Wenn Sie nun aber den Spaß mit einem höheren Zinssatz ausrechnen – und viele Jahre einrechnen, so verändert sich die Summe, die am Schluss unter dem Strich herauskommt, in einem atemberaubenden Ausmaß. Es handelt sich im Falle des Zinseszinses dann eben nicht mehr um eine systematisch, langsam ansteigende Kurve, sondern um eine Kurve, die förmlich nach oben schnellt.
Betrachten Sie in diesem Sinne einmal die folgende Grafik.

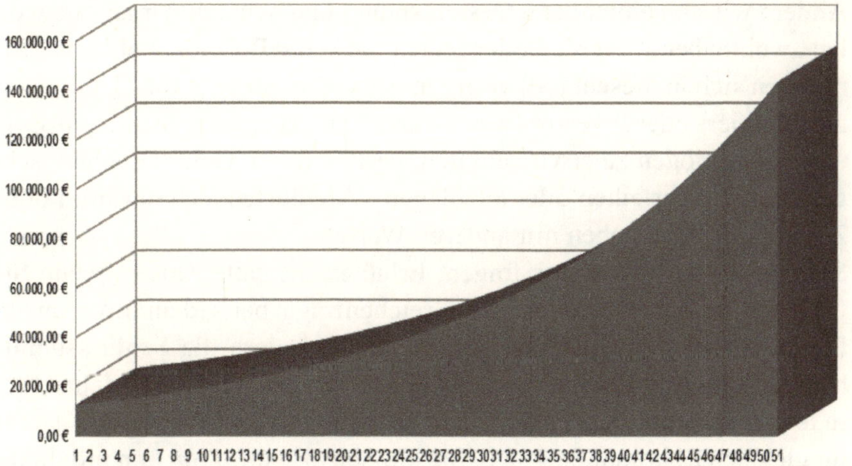

Quelle: http://www.zins-zinseszins.de/zinseszins-tabelle-diagramm

Die Grafik stellt ein Zinseszins-Beispiel in Form eins Diagramms und einer Tabelle dar. Der Zins und der Zinseszinseffekt werden sichtbar. Angenommen wurde eine Laufzeit von 50 Jahren und ein Startkapital von 12.500 €. Der Zinssatz wurde für die gesamte Laufzeit auf 5% festgelegt.
Was wird nun aus diesem anfänglichen Vermögen, aus 12.500 €, nach 50 Jahren?
Nun, die Antwort erstaunt: 12.500 € verwandeln sich in das 11-fache des Startkapitals – aufgrund des Zinseszins-Effektes.
Im Klartext: Das anfängliche Grundkapitel (= 12.500 €) wächst an auf satte 136.516 €. Eine gewaltige Summe!
Wenn Sie dies wirklich verstehen, sprich wenn Sie die Macht und Magie des Zinseszinses tatsächlich vollkommen begriffen haben, so haben Sie unglaublich viel verstanden, denn es lassen sich hieraus Konsequenzen ziehen, die völlig über das „Wohl und Wehe" Ihres Geldbeutels entscheiden; dazu gleich mehr.

DIE DREI VARIABLEN
Betrachten wir jedoch zunächst noch einmal die Fakten genauer.
Sie erkennen sofort, dass die **Höhe der Zinsen** (im Zinseszins gerechnet) eine wichtige Rolle spielen, aber auch die **Zeitdauer**, und natürlich der **ursprüngliche Einsatz**.
Das sind die drei Variablen.
Ändern wir nun einmal den Gesichtspunkt und nehmen wir an, Sie wollen „wohlhabend" werden oder „reich", wie die Reizvokabel lautet. Sie müssten sich in diesem Fall völlig in das Gehirn oder in die „Denke" eines Bankiers oder Investors hineinversetzen. Alles, was Sie tun müssen, um ein Vermögen zu erwirtschaften, besteht darin, Geld geschickt, sehr geschickt zu verleihen oder anzulegen – Sie dürfen sich nur mit hohen Zinsen zufrieden geben mit anderen Worten.
Sie müssen sich als erstes fragen: Erhalten Sie satte Zinsen, wenn Sie Ihr Geld anlegen? Das ist die Gretchenfrage bei jedem Investment. Diese Zinsen, im Zinseszins gerechnet, verändern die Schlusssumme beträchtlich. Aus 100 € entstehen bei 3% Verzinsung nach 40 Jahren gerade mal schlappe 326 €. Bei einer Verzinsung von 15% werden daraus im gleichen Zeitraum 26.786 €. Sie müssen also *alles* tun, um möglichst hohe Zinsen herauszuschlagen.

Sie werden zugeben, dass es einen großen Unterschied ausmacht, ob Sie über 326 € oder 26.786 € verfügen.
Die erste logische Schlussfolgerung lautet deshalb:
Halten Sie nach hochverzinslichen Anlagen Ausschau, die zudem sicher sind.
Wir werden an späterer Stelle hierauf noch genau zu sprechen kommen, denn natürlich ist nicht alles Gold, was glänzt, wenn es um angeblich hochverzinsliche Anlagen geht. Weiter ist wie gesagt die Zeitdauer von Bedeutung. Wenn Sie nur 5 Jahre lang Geld verleihen oder Geld anlegen, werden aus 100 € selbst bei 15% Verzinsung gerade mal magere 201 €. Nach 40 Jahren jedoch verwandelt sich Ihr eingesetztes Grundkapitel jedoch in 26.786 €. Die zweite logische Schlussfolgerung lautet deshalb: **Denken Sie langfristig. Lassen Sie Ihr Geld *ständig* arbeiten.** Nun müssen Sie verstehen, dass wir hier zuletzt von einer winzigen Summe gesprochen haben, gerade mal von 100 €.
Stellen Sie sich jetzt vor, Sie legen *jeden Monat* 100 €, also 1.200 Euro im Jahr an. Oder gar 500 € im Monat, also 6.000 € im Jahr.
Ist die Verzinsung gut und lassen Sie das Geld lange genug für sich arbeiten, sind Sie schlussendlich ein reicher Mann.
Kalkulieren Sie persönlich einmal durch, was 500 € im Monat über 40 Jahre, schlussendlich bringen. Rechnen Sie mit einem – durchaus erzielbaren – Zins von nur 10%.
Das heißt:
Kleckern Sie nicht, sondern klotzen Sie. Arbeiten Sie darauf hin, hohe Investmentsummen einsetzen zu können.
Das Internet stellt Ihnen unter dem Stichwort „Zinseszins" entsprechende Tabellen zur Verfügung, aus denen Sie alles ersehen können.

VERRÄTERISCHE ZAHLEN-BEISPIELE

Nennen wir interesshalber ein paar Zahlen-Beispiele, die Ihnen die Rechenarbeit abnehmen.
Aus nur 100 € monatlich zaubern Sie nach nur 20 Jahren bei 10 % Zinsen über 70.000 €.
Bei einem Zinssatz von 9% können in 10 Jahren 1 Million Euro werden, wenn Sie monatlich 5.168 € anlegen.
Bei einem Zinssatz von 15% müssen Sie im gleichen Zeitraum nur 144 € pro Monat aufbringen und Sie erhalten das gleiche Ergebnis.

Investieren Sie 30 Jahre lang jeden Monat 546 €, so müssen Sie 9% erwirtschaften, um Millionär zu werden.
Verstehen Sie? Es kommt immer darauf an,
○ wie viel Sie pro Monat anderen anlegen,
○ wie hoch der Zinssatz ist und
○ wie lange das Spiel geht.

PROBLEME UND LÖSUNGEN
Nur wer die Macht und Magie des Zinseszinses wirklich begriffen hat, erkennt auf einmal die ungeheuerliche Chance, die sich plötzlich auftut. Diese Chance begreifen nur wenige.
Hierbei handelt es sich um das „wahre Bankengeheimnis". Der Zinseszins zaubert Millionäre. Oder er macht Menschen bettelarm - sofern sie sich auf der anderen Seite des Spiels befinden und Zinseszinsen berappen müssen.
Schauen wir uns diese beiden Seiten noch einmal genauer an – es geht hier um Sein oder Nichtsein, wie Shakespeare das ausdrücken würde, ein Bankier würde sagen: Es geht um Haben oder Nichthaben.

4. DIE INFAMIE DES ZINSESZINSES oder WAS IHNEN BANKEN-BERATER VERSCHWEIGEN

Spätestens jetzt muss man der Wahrheit halber festhalten, dass es sich bei dem „Zinseszins“ um ein zweischneidiges Schwert handelt.
Ja zugegeben, wenn Sie intelligent Geld anlegen kommen Sie am Schluss in den Investment-Himmel.
Aber der Zinseszins kann umgekehrt auch *gegen* Sie arbeiten!
Nehmen wir an, Sie wollen ein Haus oder eine Eigentumswohnung kaufen, haben aber dafür nicht das notwendige Kleingeld in der Schatulle.
Was machen Sie? Nun, Sie legen vielleicht 10% der Kaufsumme auf den Tisch der Bank, und 90% pumpen Sie.
…. Zack! Und schon sitzen Sie in der Falle, in der Mausefalle! Warum?
Nun, der Zinseszins arbeitet jetzt *gegen* Sie.
Sie werden Ihres Lebens nicht mehr froh.
Bemühen wir ein prominentes Beispiel: Wenige wissen, dass rund 80 - 90% aller Zeitgenossen im Falle von Immobilien diese beiden Fehler begehen:

(1) Sie kaufen das Haus oder die Eigentumswohnung normalerweise viel zu teuer ein; sie bezahlen also viel zu viel Geld für die Immobilie.
(2) Sie legen das Geld für die Immobilie nicht etwa bar auf den Tisch des Hauses, sondern sie pumpen sich das Geld von einer Bank, oder zumindest einen Großteil davon – wie gerade ausgeführt.

Damit aber sitzen diese Zeitgenossen in der Zinseszins-Falle.
Denn was ist die Wahrheit?
Nun, die Wahrheit ist, dass Banken über einen ungeheuerlichen Know-how-Vorsprung verfügen, was Investments angeht. Das heißt, Banken wissen seit Jahrhunderten um die Macht und Magie des Zinseszinses.
Sie *lieben* es also, Geld auszuleihen. Der Geldverleiher oder der Bankier, der Geld gegen Zins und Zinseszins ausleiht, verdient sich eine goldene Nase.
Wenn der Bankkunde nur halbwegs gut verdient und der Bankier also relativ sicher sein kann, das gepumpte Geld zurückzuerhalten, einschließlich Zins und Zinseszins, so handelt es sich bei dem Bankkunden um eine wunderbare Gans, die gerupft werden kann.
Der Bankier verfolgt nur ein einziges Ziel: Er will Gewinne einstreichen. Er braucht also lediglich genügend Kunden zu finden, denen er Geld

leihen kann und die ihm das Geld gegen Zins und Zinseszins zurückzahlen. Gelingt ihm dies, wird er im Schlaf und über Nacht reich.
Das ganze Geschäft der Banken besteht im Grunde genommen hierin: Geld billig einzukaufen und Geld teuer zu verkaufen.
Der Kaufmann versteht sofort diese Intention: Wenn er zum Beispiel eine Ware in Polen billig einkaufen kann und verscherbelt sie teuer in Deutschland, macht er einen hübschen Reibach. Er kauft also etwa fette Enten preiswert in Warschau ein und verkauft sie teuer in Berlin.
Daraufhin lacht er sich ins Fäustchen.
Die „Ware" im Falle der Banken ist *Geld*. Der Bankier kauft also Geld billig ein – er erhält es für unvorstellbar niedrige Zinsen von der Europäischen Zentralbank etwa oder auch von einem uninformierten Sparer, der sich mit den mageren Zinsen eines „Sparbuches" zufrieden gibt. Daraufhin „verkauft" er das Geld teuer, genauer gesagt er verleiht es für hohe oder höhere Zinsen. Der Bürger oder Otto Normalverbraucher, der nie die Infamie des „Zinseszinses" verstanden hat, blecht nun fast sein gesamtes Arbeitsleben lang, um sein Häuschen beispielsweise abzubezahlen, er endet in der Zins-Knechtschaft.
Der Zinseszins ist also eine teuflische Angelegenheit, wenn man diese Zinseszinsen *berappen* muss.
Sie werden über den Löffel balbiert und nach allen Regeln der Kunst über den Tisch gezogen, wenn der Zinseszins gegen Sie arbeitet – und das auch noch im Rahmen des „Gesetzes", des „Rechts", dann das „Recht" steht auf der Seite der Banken und der Kreditinstitute.
Wenn Sie nicht pünktlich zahlen, kann Ihnen Ihr Häuschen weggenommen werden. Oder Sie werden von Rechtsanwälten, die von Banken angeheuert worden sind, verfolgt und gequält.
Diese beeindruckenden Gewinnmöglichkeiten, die wir Ihnen im vorangegangenen Kapitel vorgestellt haben, nutzen gewöhnlich nur Banken und Versicherungsunternehmen – nicht der „normale" Bürger.
Der „normale" Bürger ist der Einfaltspinsel.
Hier eine Zahl, die Ihnen zu denken geben sollte: Üblicherweise zahlen Hausbesitzer durchschnittlich das Dreifache des tatsächlichen Wertes ihrer Immobilie – allein aufgrund der Infamie des Zinseszinses. Das heißt, für sein Häuschen, das beispielsweise „eigentlich" 250.000 € kostet, blättert er schlussendlich 750.000 € hin! 500.000 Euro fließen in die weiten Taschen des Bankiers.

Da er das Häuschen üblicherweise auch noch überteuert eingekauft – es war in Wahrheit vielleicht nur 150.000 € wert – verliert der unaufgeklärte Zeitgenosse also 600.000 €.
Da sich die Rückzahlung über ein gesamtes Leben hinzieht oder über viele Jahrzehnte, bemerkt es Otto Normalverbraucher jedoch nicht. Ihm wird nur die monatliche Abzahlungsrate vor Augen geführt, *nicht* die gesamte Konsequenz des Geschäftes.
Verstehen Sie jetzt, warum Banken und Kreditinstitute schwerreich sind, warum überall Bankentürme in die Wolken wachsen und warum Vertreter der Deutschen Bank von „Peanuts“ sprechen, wenn es um ein paar lächerliche Millionen Euro geht? Es ist tatsächlich Kleingeld für die Bank, denn Banken verdienen sich den Beutel dick – an Ihnen! Oder genauer gesagt an Zeitgenossen, die nie die Infamie das Zinseszins verstanden haben.
Wir werden nebenbei bemerkt für „intelligenten“ Immobilienbesitz an späterer Stelle eine Lanze brechen und hier wichtiges Know-how verraten, das Ihnen aufzeigt, „wie es trotzdem geht“. Aber bleiben wir zunächst bei unserem Thema: dem Zinseszins.
Es muss sich beileibe nicht um die sprichwörtliche Eigentumswohnung handeln oder um das Ein- oder Zweifamilienhaus, womit Ihnen das Wasser abgegraben wird. Theoretisch können Sie Geld von einer Bank pumpen für ein schickes Auto, für eine tolle Reise, für extravagante Klamotten oder für was auch immer.
Immer gilt die Regel: In dem Moment, wo Sie in die Zinseszinsfalle tappen, machen Sie das schlechteste Geschäft Ihres Lebens. Sie werden erst richtig eingeseift, durch verführerische Werbung, und daraufhin werden Sie ausgenommen und ausgeräubert.
Auch wenn Sie sich zum Beispiel selbständig machen wollen, existiert dieses Fangeisen. Es wird Ihnen zunächst von der Banken-Werbung suggeriert, dass Sie viel, ja sehr viel Geld aufnehmen müssen, damit Ihnen überhaupt der Sprung in die Selbständigkeit gelingt.
Das ist nebenbei bemerkt eine der großen FINANZ-LÜGEN unserer Zeit. In den meisten Fällen ist es sehr viel klüger und sehr viel gewitzter, Geld für die Zeit der Selbständigkeit zunächst anzusparen, die notwendigen Dinge dafür unglaublich preiswert einzukaufen und sich dann part-time um das neue Geschäft zu kümmern, während man den alten Job beibehält, der sichere Einnahmen garantiert. Aber nein! Banken und Kreditinstitute riechen fette Beute. Und also legen Sie die bestrickendste Werbung

aus, wie Leimruten, die den Menschen suggeriert, sie müssten erst eine riesige Summe aufnehmen, bevor sie den Sprung in die Selbständigkeit wagen können.
Nehmen wir an, Sie fallen darauf herein. Was ist das Ergebnis?
Zack … schon wieder sitzen Sie in der Mausefalle.
Der Zinseszins arbeitet nun gegen Sie, während sich die Herren Bankiers die Hände reiben. Sie schuften sich den Buckel krumm, während die Geldhaie einfach nur kassieren – durch den Zins und Zinseszins, dessen Infamie kaum jemand wirklich durchschaut.
Es gibt also zahlreiche Geldfallen, und fast immer haben sie mit Zinsen und Zinseszinsen zu tun.
Die Magie, aber auch die Infamie des Zinseszinses wird von den wenigsten Zeitgenossen begriffen, selbst wenn sie ein Hochschulstudium abgeschlossen haben. Was also ist die simple Wahrheit? Der Zinseszins macht Sie arm, wenn er gegen Sie arbeitet. Der Zinseszins macht Sie reich, wenn er für Sie arbeitet.
Banken versuchen heute tatsächlich alles, um Ihnen einen Kredite aufzuschwatzen. Sie werben aggressiv, regelmäßig und hoch professionell. In den rosigsten Farben wird Ihnen die Welt des Genusses vor Augen geführt. Banken machen es Ihnen wirklich leicht, Geld aufzunehmen – sofern Sie ein braver Bürger sind, der über einen guten Job verfügt, so dass sie nicht um die Rückzahlung fürchten müssen.
Sie werden eingeseift nach Strich und Faden, von verführerischen Werbeprospekten. Es wird Ihnen das Paradies vorgegaukelt und das Paradies versprochen – Sie müssen lediglich einen kleinen Vertrag unterzeichnen. Und schon befinden Sie sich in der Falle des Zinseszinses und können ganz legal ausgeräubert werden.
Was also ist die logische Schlussfolgerung?
Nun, pumpen Sie kein Geld von Banken.
Begeben Sie sich nicht in Abhängigkeit von Kreditinstituten.
Borgen Sie generell kein Geld, wenn Sie es mit Zins und Zinseszins zurückzahlen müssen. Wenn Sie etwas kaufen wollen, verdienen Sie zunächst das Geld, bevor sie es ausgeben.
Durchschauen Sie die älteste Räuber-Formel der Welt, die Infamie des Zinseszinses.
Studieren Sie die Geschichte, wenn Sie mögen. Erlauben Sie uns noch einmal daran zu erinnern, dass einige Päpste vormals tatsächlich versuch-

ten, Geldverleihern zu verbieten, überhaupt Zinsen zu verlangen. Natürlich scheiterten sie. Aber es ist doch mehr als interessant festzuhalten, dass einige wenige Päpste, die das Spiel der Herren Bankiers durchschauten, eine Zeitlang tatsächlich darauf hinarbeiteten, Zinsen generell zu verbieten.

Aber zurück zur Anwendung! Fragen wir uns jetzt, wie Sie weitere Vorteile aus den Erkenntnissen rund um den Zinseszins schlagen können.

DIE SUCCESS-STORY

Es ist Zeit für eine faszinierende Success-Story.

Wir kennen persönlich einen Burschen, gerade mal zwanzig und ein paar Jahre alt und scheinbar noch nass hinter den Ohren ist, der allein durch die Kenntnis und das Wissen um den Zins und Zinseszins zum Millionär avancierte. Es handelte sich bei ihm ursprünglich um einen Zeitgenossen, der buchstäblich nichts auf der Naht hatte. Aber er durchschaute das Spiel rund um das Thema *Zins* frühzeitig.

Eines seiner Erfolgsgeheimnisse bestand darin, dass er zunächst rigoros die Kosten herunterfuhr, die das tägliche Leben einforderte. Sprich er mietete sich eine höchst preiswerte Wohnung, fuhr erst ein Fahrrad und dann ein kleines, gebrauchtes Auto, das wenig Sprit fraß und sparte kurz gesagt an allen Ecken und Enden, um nicht in die Zinseszinsfalle zu treten. Er pumpte sich keinen einzigen Cent von einer Bank. Gleichzeitig sparte er wie besessen die ersten Kröten an, wie das der Volksmund so schön nennt – das Geld sollte ihm als Sprungbrett dienen. Parallel dazu absolvierte er eine Ausbildung zum Immobilienwirt, denn er roch, dass in dieser Branche sehr viel Geld zu verdienen war. Außerdem kapierte er früh, dass es auch im Falle von Immobilien einen „Zins" gab: die Miete.

Die *Miete* ist bei Licht betrachtet eigentlich ein Miet*zins*, also nur eine Variante des Zinses. Der Mieter berappt diesen Mietzins, wenn er in einer Eigentumswohnung, die nicht die seine ist, oder in einem Häuschen, das ihm nicht gehört, wohnen will.

Wir begegnen dem Zins also auf Schritt und Tritt, beileibe nicht nur im Falle der Bank, die uns einen Kredit aufschwatzt.

Auch das hatte unser Knabe verstanden. Weiter beobachtete er scharf, gebrauchte seinen eigenen Kopf – und stellte früh fest, dass es Immobilien gab, die einen hohen (Miet-)Zins erwirtschafteten, und Häuser, die nur einen mageren (Miet-)Zins abwarfen.

Kürzen wir die Story ab: Unser Jungfuchs kaufte schließlich sehr geschickt eine kleine Eigentumswohnung, die einen hohen Mietzins abwarf – während er gleichzeitig darauf achtete, dass er bei dem Kauf möglichst viel bar auf den Tisch des Hauses legen konnte und die Zinsen für den (Bank-)Kredit, den er aufnehmen musste, sehr niedrig waren. Und so machte er vom ersten Moment an ein sattes Plus. Konkret sah die Rechnung so aus:

Die Eigentumswohnung (ETW) kostete 80.000 Euro.

20.000 € bezahlte er bar.

Für 60.000 € musste er einen Kredit aufnehmen, für den 5% zu berappen waren.

(Das sind pro Jahr 3.000 €)

Aber er erhielt 600 € Miete pro Monat oder 7.200 € pro Jahr.

Der Miet-Zins war also höher als der Banken-Zins.

(Einige Details haben wir absichtlich ausgelassen, um das Prinzip zu demonstrieren.)

Von Stund an ging's bergauf, denn die ETW entschuldete sich relativ rasch von selbst.

Heute besitzt dieser Bursche rund 100 Eigentumswohnungen und/oder Häuser und ist wie gesagt einer der jüngsten Millionäre Deutschlands. [1]

Soviel und mehr kann man lernen, wenn man nur die *Anwendungs*-Möglichkeiten des Zinseszinses wirklich auslotet.

Zugegeben, es gehört noch einiges mehr an Know-how dazu, mit Immobilien „richtig“ Geld zu verdienen. Was also müssen Sie noch wissen?

Nun, davon handeln die nächsten Kapitel.

5. DREI SCHRITTE ZUM ERFOLG

Wenn Sie sich einmal in der Zinseszinsfalle befinden, gibt es ab einem bestimmten Punkt einen „point of no return“. Auf gut deutsch: Eines Tages können Sie all diesen finanziellen Verpflichtungen nicht mehr nachkommen, Sie können nicht mehr „umkehren“ und die Karre aus dem Dreck ziehen.
Gewöhnlich aber Sie schuften ein halbes oder ein ganzes Leben lang, nur um nicht „unterzugehen“. Sie mutieren wie schon gesagt zu einem Sklaven.
Was tun?
Es gibt eine alte Erfolgsformel, die da lautet: *Mach‘ es anders als die anderen.*
Das heißt, wenn Sie stets nur das tun, was andere tun, enden Sie im finanziellen Sumpf. Was also sollten Sie „anders“ machen?

SCHRITT 1
Zunächst müssen Sie überhaupt einmal Geld verdienen.
André Kostolany, der Aktien-Guru der Achtziger und Neunziger Jahre des letzten Jahrhunderts, ein Mann des Witzes und der Wahrheit, gab stets einen Goldenen Ratschlag, wenn er gefragt wurde, was „richtig“ ist in puncto Geld. Er sagte: „Investieren Sie zunächst und vor allem in Ihre Ausbildung.“
Nun, er hatte recht.
Mit anderen Worten, bevor Sie Geld sparen können, müssen Sie zunächst über eine gute Einkommensquelle verfügen. Es ist also richtig, sich exzellent ausbilden zu lassen, Sie müssen büffeln und lernen. Die Ausbildung sollte dabei möglichst praxisorientiert sein.
Selbst wenn Sie ein älteres Semester sind, ist es nie zu spät, sich neues Know-how und Wissen anzueignen. Für den Jungfuchs ist es ein Muss.

SCHRITT 2
Wenn Sie regelmäßig, am Monatsanfang, eine gewisse Anzahl von Euro-Scheinen in ihrer Tasche knistern hören oder Sie das Geld auf Ihrem Bankkonto sehen, können Sie den nächsten Schritt gehen: Nun gilt es, sich gegen die *Werbung* zu immunisieren und die Tricks der Werbeprofis zu durchschauen. Erkennen Sie, auf welche Weise die Medien versuchen,

bei Ihnen Ausgabewünsche zu wecken – im TV, im Radio, in Zeitungen und Zeitschriften und im Internet. Wir könnten an dieser Stelle 100 Seiten über raffinierte Werbemethoden füllen. Die Gretchenfrage lautet: WIE gelingt es den Werbefritzen, Sie dazu zu verführen, Geld auszugeben. Die teuersten Werbetexter, die besten Grafiker, die erfahrensten Filmmacher und die ausgekochtesten Marketing-Strategen werden heute angeheuert, um Ihnen das Geld aus der Tasche zu ziehen, manchmal auf höchst subtile Art und Weise und ohne dass Sie es bemerken.

Realisieren Sie dies in aller Schärfe: Sie werden heute von allen Seiten eingelullt, 25 Stunden am Tag, acht Tage die Woche! Sie sollen kaufen, kaufen, kaufen. Sie werden derart intensiv mit Kauf-Wünschen vollgestopft, dass es fast einer Hypnose gleichkommt.

Sie müssen also lernen, die Medien zu verachten. Sie müssen erkennen, dass Werbung bedenkenlos lügt. Sie müssen weiter erkennen, dass Werbung auf Dummenfang aus ist. Sie sollen übertölpelt werden. Besitzwünsche werden wachgekitzelt, indem Ihnen dies versprochen wird: Mehr Sex, mehr Geld, mehr Besitz, bessere Laune, aufregende Erlebniswelten und vieles mehr. Sie werden geködert wie ein Fisch.

Ständig werden Sie manipuliert, schamlos, von allen Seiten. Und da jeder von uns zumindest zu einem gewissen Grad interessiert ist an Sex, an Geld, an Besitz, an Auszeichnungen, an Ästhetik und so fort, kann sich jeder von uns auch in diesem Werbe-Netz verfangen.

Kaum einer von uns ist ein Philosoph, der das Spiel vollständig durchschaut.

Der alte griechische Philosoph Aristoteles, der das Denken in unseren Breiten immerhin rund 1.500 Jahre lang bestimmte, wanderte, so die Legende, einmal über einen Marktplatz im alten Athen, wo alle möglichen Waren angeboten wurden.

Er betrachtete die Waren der Reihe nach und kommentierte schließlich: „Es ist herrlich, all diese Dinge zu sehen und zu erkennen, was ich alles *nicht* brauche.“

Nun, Unternehmer, Werber und Marketing-Experten arbeiten hart und hingebungsvoll daran, Ihnen weiszumachen, dass Sie angeblich die unterschiedlichsten Dinge brauchen. Das Ergebnis ist, dass die meisten Menschen eine Menge Geld für unnötige Waren ausgeben. Auf diese Weise verplempern sie ihr Geld und vergessen, es zu sparen und *wirklich* zu Geld zu kommen.

Weiter ist der Mensch heute stets einem gewissen Druck ausgesetzt, seitens seiner Familie, seiner Freunde und seiner Umwelt. Wir alle wollen „mithalten", wir wollen ein wenig bewundert werden und wir mögen es, wenn unser Ego gestreichelt wird, weil wir etwas besitzen, was andere eben nicht haben.

Es gilt also, zwei Feinde zu besiegen, wenn Sie Geld beiseitelegen wollen: 1. Die aggressive, ausgefuchste Werbung und 2. den „Druck" seitens der Familie oder der Freunde.

Das ist zugegebenermaßen nicht leicht.

Aber es bedeutet im Klartext: Die einzige Person, die in letzter Konsequenz dafür verantwortlich ist, dass Sie nicht wohlhabend werden, sind Sie selbst.

Der Umkehrschluss stimmt ebenfalls:

Die einzige Person, die dafür verantwortlich ist, *dass* Sie wohlhabend werden, sind ebenfalls Sie selbst.

Das heißt, Sie müssen erkennen, dass Sie ständig von großen und kleinen Verführern umgeben sind. Es erfordert eine enorme mentale Stärke, ständig *Nein* zu sagen. Es gibt zahlreiche „Freunde" und „Einflüsterer", die Ihnen etwas anderes vorbeten werden.

Gegen diese beiden „Fallen" treten Sie an, wenn Sie zu Geld kommen wollen.

Wie können Sie ansonsten regelmäßig Geld zurücklegen und sparen?!

Darüber hinaus gibt es noch einen dritten „Feind". Es handelt sich hierbei um die *Kreditkarte* und um *Online-Geldtransaktionen.* Kurz gesagt müssen Sie zudem realisieren, wie leicht es Ihnen heute gemacht wird, alles Mögliche einzukaufen. In jeder Schule sollte gelehrt werden, dass Kreditkarten und Online-Geldtransaktionen dazu verführen können, völlig verantwortungslos mit Geld umzugehen.

Mit Kreditkarten kann man sich scheinbar alles leisten, selbst wenn man ins Minus rutscht. *MasterCard, Visa, Diners* und *American Express* teilen sich nahezu den gesamten europäischen Kreditkartenmarkt. Der Name *Kreditkarte* allein verweist bereits auf die Tatsache, dass Kreditkarten dem Karteninhaber oftmals einen *Kredit* gewähren. Mit allen möglichen Mätzchen und „Vorteilen" versuchen die Kreditkartengesellschaften, Jugendliche und Erwachsene dazu zu verführen, zu kaufen und noch einmal zu kaufen. Das psychologisch Gefährliche ist der Umstand, dass im Falle von Kreditkarten Geld nicht wirklich aus der Tasche verschwindet.

Es bewegen sich ja „nur“ ein paar Zahlen auf dem Konto. Die Kreditkarte ist eine Art Zauberstab. Und mit diesem Zauberstab kann man sich scheinbar alles Mögliche herbeiwünschen.
Man könnte förmlich einen Kurs für Jugendliche in der Schule entwickeln, der darauf hinausläuft, schon Teens zu lehren, WIE UND AUF WELCHE WEISE bestimmte Angebote geschickt gestrickt sind – einige Werber sind wirkliche Genies – und WIE UND AUF WELCHE WEISE der Mensch dazu verführt wird, sofort und unmittelbar etwas zu kaufen, ohne nachzudenken.

SCHRITT 3
Nehmen wir an, Sie sind charakterstark genug, Geld zurückzulegen, regelmäßig, jeden Monat. Und Sie verstehen es, dieses Geld, im Idealfall 10% jeden Monat, nicht anzurühren.
In diesem Fall ist alles in Butter.
Aber nehmen wir an, Ihnen gelingt es eben nicht, 10% jeden Monat zu sparen.
Dann sollten Sie dies tun: Machen Sie „Kassensturz“ und listen Sie einmal sorgfältig alle Einnahmen und Ausgaben auf. Notieren Sie *jeden* Cent, den Sie ausgeben, und stellen Sie am Monatsende fest, welche Geldausgaben Sie sich hätten sparen können.
Grundsätzlich ist dies der Weg zu finanzieller Freiheit: Sie müssen die Fixkosten so niedrig wie möglich halten. Sie müssen immer mehr EINNEHMEN als Sie AUSGEBEN!
Beobachten Sie also mit Argusaugen vor allem die „dicken“ Fixposten, sprich die großen Ausgabe-Posten, die Sie jeden Monat tätigen.
Und dann gehen Sie rigoros gegen sie vor.
Ein paar Hinweise: Wenn Sie eine zu hohe Miete zahlen, so sollten Sie einem neuen Sport frönen: Sie sollten den Vermietungs-Anzeigenteil der Zeitung regelmäßig lesen. Und: regelmäßig andere Wohnungen in Augenschein nehmen, die die gleiche Qualität wie Ihre jetzige Unterkunft besitzen, aber preiswerter sind.
Ziehen Sie um!
Sie werden einwenden, dass das „viel Arbeit“ ist. Ja, zugegeben. Aber wenn Sie bedenken, dass Sie beispielsweise 100 Stunden investieren, Sie daraufhin aber 300 € im Monat einsparen, so sind das nach Adam Riese bereits 3.600 € im Jahr und 36.000 € in 10 Jahren. Sie haben mit anderen

Worten einen fantastischen Stundenlohn, wenn Sie eine Wohnung finden, die preiswerter ist.
A propos Auto: Viele Wege lassen sich mit einem Fahrrad zurücklegen, das nicht nur den Vorteil besitzt, sehr viel preiswerter zu sein als ein Pkw, sondern zusätzlich Ihrer Gesundheit förderlich ist. Darüber hinaus gibt es hoch intelligente Methoden, selbst Autos höchst preiswert einzukaufen. Studieren Sie einfach alle Einkaufsmöglichkeiten für Pkws.
Werden Sie kurz gesagt ein Schnäppchenjäger. Es gibt heute zahlreiche Bücher, die Ihnen 101 Adressen zur Verfügung stellen, wo Sie selbst qualitativ hochwertige Waren zu einem Spottpreis einkaufen können.
Machen Sie ein Spiel daraus, wirklich nur das Notwendigste einzukaufen und selbst das Notwendigste auch noch unvorstellbar billig.
Und identifizieren Sie systematisch „Kauf-Fallen“ und „Werbe-Lügen“. Werden Sie ein Sparfuchs und kultivieren Sie das Motto „Geiz ist geil.“ Auf diese Weise stellen Sie sicher, dass Sie überhaupt Geld regelmäßig zurücklegen können. Und nur auf diese Weise verfügen Sie schlussendlich über „richtiges Geld“.
Nicht verschweigen wollen wir allerdings, dass es noch zwei weitere Diebe gibt, vor denen Sie sich hüten müssen. Tatsächlich wird über sie selten oder nie die vollständige Wahrheit gesagt – es handelt sich um zwei gut gehütete Geheimnisse. Damit aber befinden wir uns bereits im nächsten Kapitel.

6. UNBEKANNTES ÜBER DIE INFLATION

Nehmen wir nun einmal eines der tückischsten Themen unter die Lupe, die es gibt: Die Inflation. In diesem Zusammenhang gibt es mindestens drei Schlussfolgerungen, die Sie ziehen sollten, die normalerweise nicht gelehrt und gepredigt werden.
Aber zunächst: Was verbirgt sich hinter dem Begriff eigentlich?
Nun, *Inflation* bedeutet ursprünglich, im Lateinischen „Sich aufblasen" oder „das Anschwellen". Güter und Waren werden teurer, vereinfacht gesagt, die Kaufkraft des Geldes mindert sich.
Wissen Sie, um wie viel Geld Sie im Laufe eines Lebens betrogen werden – aufgrund eben der Inflation?
Sie wissen es wahrscheinlich nicht. Bemühen wir also ein paar Fakten:

In der jüngsten Vergangenheit sah die Inflationsrate wie folgt aus:
Im Jahre 1970 verminderte sich das Geld des Bundesbürgers um 3,6%, wenn er über „Geld" verfügte, denn so hoch war die Inflationsrate.
Im Jahre 1971 betrug die Inflationsrate 5,1%
Im Jahre 1972 lag sie bei 5,6%.
1973: 6,9%
1974: 6,9%
1975: 5,9%.
1980: 5,4%
1981: 6,3%
1990: 2,7%
1992: 4,0%
Alles änderte sich scheinbar mit dem Euro, der von Spöttern auch als *Teuro* bezeichnet wurde. So sahen die Inflationsraten schließlich aus:
2011: 2,3%
2012: 2,0%
2013: 1,5%
2014: 0,9%
2015: bleibt abzuwarten.
Zugegeben, die Inflationsrate ist im Moment niedrig. Was sich aber bereits massiv ändert, ist der Umtausch-Wert gemessen an anderen Währungen, wie zum Beispiel dem Schweizer Franken.

Im Klartext bedeutet dies, dass Sie ständig durch die Hintertür bestohlen werden, wenn Sie „Geld“ besitzen. Mal werden Sie mehr, mal weniger bestohlen.
Eine *Inflation* tritt ein, wenn sich die Menge des Geldes erhöht – ohne dass eine entsprechende Steigerung der Produktion damit einhergeht. Geldentwertung und Preissteigerungen sind die Folge. Wenn die Geldmenge also ungehörig aufgebläht wird – indem eine Zentralbank etwa ständig Geld nachdruckt – ist das bereits existierende Geld natürlich weniger wert, denn Geld ist ja nun im Überfluss vorhanden.

KLEINER HISTORISCHER RÜCKBLICK
Die furchtbarste Inflation erlebte Deutschlands nach dem Ersten Weltkrieg.
So stiegen beispielsweise die Kosten für 1 kg Brot im Jahre 1919 bis zum Jahre 1923 an:

Dezember 1919	0,80 Mark
Dezember 1920	2,37 Mark
Dezember 1921	3,90 Mark
Dezember 1922	163,15 Mark
Januar 1923	250,00 Mark
April 1923	474,00 Mark
Juli 1923	3.465,00 Mark
August 1923	69.000,00 Mark
September 1923	1.512.000,00 Mark
Oktober 1923	1.743.000.000,00 Mark
November 1923	201.000.000.000,00 Mark
Dezember 1923	399.000.000.000,00 Mark

„Das Spiel erreichte schließlich karikatureske Züge. Nicht weniger als 132 private Druckereien mussten neben der Reichsdruckerei zusätzlich angeheuert werden, weil man so viel Papiergeld brauchte. Diese Firmen ließen 1.723 Druckerpressen Tag und Nacht rattern. Am 15. November 1923 wurden ca. 10 Milliarden Banknoten im Nennbetrag von 3.877 Trillionen Mark gedruckt. Eine Groteske! Aber für die Betroffenen selbst handelte es sich um alles andere als eine lustige Angelegenheit; denn das Geld lief dem Besitzer praktisch davon. Im Juni 1922 bestand die größte Geldnote in einem 10.000-Mark-Schein. Ein Jahr später erschien eine Banknote über 500.000 Mark. Schließlich wurde ein 50-Millionen-Mark-Schein gedruckt. Und am 11. November 1923 brachte die Reichsbank eine Note über 1.000 Milliarden Mark heraus. Des Spaßes aber noch nicht genug. Am Ende wurden Geldscheine über 2.000, 5.000, 10.000 und 100.000 Milliarden Mark gedruckt, die allerdings nur von einer Seite bedruckt waren. Theoretisch hätten den Komödiendichtern die Griffel nicht mehr still stehen dürfen. Es wurde in astronomischen Ziffern gerechnet. Geschäftsbanken mussten neue Mitarbeiter einstellen, die nichts anderes zu tun hatten, als Geld zu zählen.“ (zitiert nach: Frank Fabian, Die geheim gehaltene Geschichte Deutschlands)

Es handelte sich also um nichts anderes als um eine Katastrophe.

Der Grund für diese *Inflation* war letztlich der von Deutschland verlorene Erste Weltkrieg.

Mit anderen Worten: Geldscheine … waren plötzlich praktisch nichts mehr wert.

INFLATIONEN IM ÜBERBLICK

Tatsächlich realisieren die wenigsten Menschen, in welchem Ausmaß Geld auch heute noch abgewertet wird. Hier eine kleine, verräterische Grafik, studieren Sie bitte sehr genau.

Sie erkennen: Nur Gold blieb stabil, ja es stieg sogar im Wert, auch der Schweizer Franken hielt sich einigermaßen.

Den Rest kann man vergessen, sprich den US-Dollar, das Britische Pfund, den Französischen Franc, den Japanischen Yen, aber auch die Deutsche Mark. Alle diese Währungen wurden furchtbar inflationiert.

Die Inflation ist also kein Phänomen nur vergangener Zeiten! Noch immer werden selbst die scheinbar stärksten Währungen massiv abgewertet und inflationiert!

Galoppierende Inflationen sorgen für katastrophale wirtschaftliche Kettenreaktionen.

Schleichende Inflationen entwerten Geld unauffällig, aber auf längere Sicht gesehen ebenfalls massiv, wie die Grafik verrät.

Selbst die angeblich ach so stabile D-Mark verlor innerhalb von 50 Jahren ¾ ihre Wertes … halten Sie sich diese Zahl einmal vor Augen!

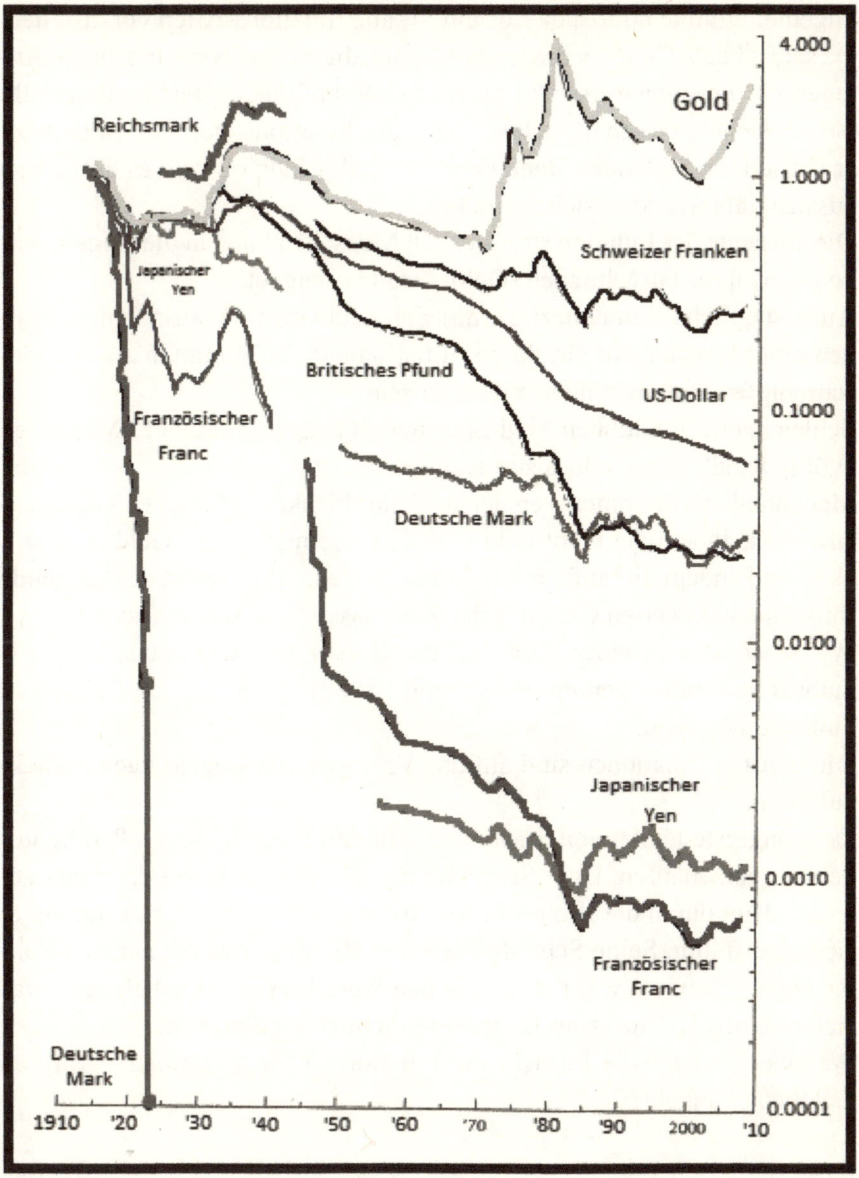

BEWERTUNG
Selbstredend sind Inflationen ein Skandal. Sie entwerten bestehende Geld-Vermögen und bestehlen im Grunde genommen das Volk.
Es gibt vielerlei Gründe für eine Inflation. Deshalb vermag man keine

allgemeingültige politische Lösung für alle Inflations-Arten vorzustellen. Da selbst heute Geld nach wie vor ständig abgewertet wird, macht ein Anleger, der beispielsweise 2% für sein Geld auf einem Bankkonto erhält, ein schlechtes Geschäft, schon wenn die Inflationsrate nur 3% beträgt; er verliert am laufenden Band Geld, 1% jedes Jahr, obwohl es optisch so aussieht, als würde es sich vermehren.
Die Tatsache der Inflation streut vielen Menschen Sand in die Augen, was den Wert ihres tatsächlichen (Geld-)Besitzes angeht.
Auch staatliche Rentenbezüge, die sich heute stattlich ausnehmen, können morgen schon auf Grund der Inflation auf ein Minimum zusammenschrumpfen und nicht mehr viel wert sein.
Schleichende Inflationen sind eine heimtückische Methode, Menschen „völlig legal" ihres Geldes zu berauben.
Manchmal, nicht immer, versuchen Zentralbanken Inflationen entgegenzuwirken, indem sie nicht unkontrolliert übermäßig viel Geld nachdrucken und indem sie auf Preisstabilität achten. Aber selbst schleichende Inflationen entwerten Geld mit der Zeit massiv, wie schon gesagt.
Wir leben also in einer Welt, wo der Bürger mit höchststaatlicher Erlaubnis im Grunde genommen ständig ein wenig von den Zentralbanken hintergangen wird.
Die meisten Inflationen sind auf das Versagen von Regierungen zurückzuführen.
Der gängigste Fehler von Staaten besteht darin, einen übergroßen Schuldenberg anzuhäufen. Dem Staat kommt also eine Inflation durchaus gelegen, denn durch die Hintertür, sprich durch die Inflation, entschuldet er sich unauffällig. Seine Schulden nehmen ab, nicht was die nackten Zahlen angeht, sondern was den wirklichen Wert des Geldes anbelangt – was sich also mit 10 Euro zum Beispiel tatsächlich kaufen lässt.
Was aber bedeutet die Tatsache der Inflation für Sie persönlich, was Ihren Geldbeutel angeht?

KONSEQUENZEN

Wie schon ein tieferes Verständnis des Zinseszinses zu einem völlig anderen Verhalten in puncto Geld führen kann, so kann auch ein echtes Wissen um die Tatsache der Inflation zu logischen Schlussfolgerungen führen, die es in sich haben.

Sie können nämlich jetzt in Blitzesschnelle einige Finanzprodukte bewerten, denen Sie vorher „hoffnungslos uninformiert“ ausgeliefert waren.
Gehen wir ans Eingemachte:
Nehmen wir einmal eine Inflationsrate von nur 2% an, was angesichts der Vergangenheit sicherlich nicht zu pessimistisch ist, ja eher optimistisch. Nun müssen Sie diese zwei Prozent jedoch von Ihrem Zinsgewinn in Abzug bringen, den Sie theoretisch erwirtschaften würden, wenn Sie ein bestimmtes Finanzprodukt kaufen.
Das heißt, wenn Sie zum Beispiel 1,5% Zinsen auf Ihrem Sparbuch bekommen, bleibt für Sie, nach der Inflation, ein Minus von 0,5%. Sie fahren also sogar eine Minusrendite ein.
Erkennen Sie nun, dass Sie eine niedrige Verzinsung Ihres Geldes nicht akzeptieren *dürfen?* Der Grund: Ihr Geld vermehrt sich nur optisch, also rein zahlenmäßig – und das auch nur geringfügig. Oft *verlieren* Sie sogar Geld! Eben durch die Inflation. Bei einer durchschnittlichen Inflationsrate von 3% sieht das ganze sogar noch dramatischer aus. Dann verlieren Sie 1,5% Ihres Geldes, sofern Sie in ein Sparbuch Ihr Geld einzahlen, wo Sie 1,5% Zinsen erhalten.
Sie verlieren oder gewinnen kaum bei vielen Festverzinslichen Wertpapieren, bei einem Bausparvertrag und bei fast allen Lebensversicherungen. Völlig vergessen können Sie bestimmte „besondere“ Banken-Sparpläne, die stets mit großtönendem Vokabular auf sich aufmerksam zu machen suchen … die Rendite ist einfach zu niedrig.
Es gibt zahlreiche Belege, die klipp und klar beweisen, wie schlecht Sie mit den meisten „Finanzprodukten“ bedient sind, speziell wenn Sie die Inflation in Rechnung stellen.
Noch einmal: Bei nur 3% Inflation verlieren Sie Geld im Falle eines Sparbuchs. Und Sie fahren nur eine geringe Rendite ein – bei bestimmten, etwas besseren (Bank-)Sparplänen und bei Festgeld, die beide manchmal wie das Non-Plus-Ultra des Investments angepriesen werden. Sie kommen gerade so davon bei Bundesschatzbriefen; hier schnappen sie einige dünne Prozente ab.
Das heißt, wenn Sie Geld sparen wollen, intelligent sparen wollen, müssen Sie …

SCHLUSSFOLGERUNG 1

… immer die Inflation in Rechnung stellen. Wenn die Inflation wieder an Fahrt aufnimmt und zum Beispiel 7% beträgt, so passiert vor nicht allzu langer Zeit, verlieren Sie sogar Geld – im Falle von Bundesschatzbriefen und Festverzinslichen Wertpapieren etwa. Sie verlieren Geld im Fall des Bausparvertrags und im Fall einer Lebensversicherung. Hierbei handelt es sich ausnahmslos um Finanzprodukte, die keine hohen Zinsen abwerfen. Das heißt, Sie müssen allen „Finanzprodukten" äußerst skeptisch gegenüberstehen, die nur magere 4, 5 oder 6% Rendite abwerfen.
Sie halten damit oft nicht einmal mit der Inflation Schritt!

SCHLUSSFOLGERUNG 2

Sie müssen reinen „Geldwerten", die nicht abgestützt sind durch „Sachwerte" (= Immobilien, Aktien, Gold und so fort) generell äußerst misstrauisch betrachten. Nichts hindert einen Staat oder die Vertreter einer „Währungsunion" daran, die Inflation anzuheizen und Geld wie verrückt nachzudrucken, so dass Ihr Geld plötzlich massiv entwertet wird. Misstrauen Sie nicht nur Bankern und Versicherungsvertretern, sondern auch Politikern, für die eine schöne, satte Inflation oft nur ein bequemer Weg ist, um Staatsschulden durch die Hintertür abzubauen.

SCHLUSSFOLGERUNG 3

Sie müssen bei einer Anlage stets ein genaues Auge auf die Rendite oder den Zinssatz werfen, der Ihnen versprochen wird.
Rechnen Sie noch einmal aus, was magere 2% oder auch bescheidene 4% Zinsen bringen – über einen langen Zeitraum hinweg, im Unterschied zu 8% oder 10%. Rechnen Sie im Zinseszins.
Um es kurz und bündig auszudrücken: Wenn Sie sich mit niedrigen Zinsen zufrieden geben, werden Sie nie wohlhabend. So kommen Sie nie auf einen grünen Zweig. So verlieren Sie.
Sie gehören dann zwar nicht zu den juristisch Betrogenen, aber Sie werden oft indirekt betrogen und an der Nase herumgeführt – eben durch die Inflation. Und außerdem: Was passiert mit Ihrem Geld, das Sie zum Beispiel einer Bank geben, bei der Sie ein Sparbuch eröffnen?
Nun, die Bank *arbeitet mit Ihrem Geld* und erwirtschaftet ihrerseits sehr viele höhere Zinsen, 10, 11 und auch 12% und mehr.

Verstehen Sie?
Die Banken selbst geben sich mit niedrigen Zinsen nie zufrieden.
Nun wird der Bankier einwenden, dass dies eine fragwürdige Argumentation sei, nicht zuletzt deshalb, weil die Banken ja auch ein gewisses Risiko zu tragen hätten. Und sollte Ihre Geldanlage nicht *sicher* sein?
Die *Sicherheit,* merken Sie sich das, ist ein Argument, mit dem man Sie in niedrigverzinsliche Anlagen lockt.
Man arbeitet mit Ihrer *Angst.*
Wenn die Sicherheit ach so wichtig wäre, warum investieren die Banken und die Versicherungsgesellschaften nicht selbst in diese niedrigverzinslichen Geschäfte?
Die Antwort ist einfach: Sie bevorzugen es, zumindest ein kleines Risiko einzugehen, indem Sie in Aktien und Immobilien etwa investieren. Denn hier liegen die Renditen sehr viel höher. Die Wahrheit überdies ist: Es gibt durchaus auch hochverzinsliche Anlagen, die verhältnismäßig *sicher* sind. Und ein kleines Risiko zahlt sich auf Dauer unter Umständen aus. Betrachten Sie also bitte in Ihrem eigenen Interesse Banken und Versicherungsgesellschaften sowie Bausparkassen in Zukunft mit einer gesunden Portion Skepsis. Ja, sie besitzen beeindruckende Hochhäuser. Und wenn Sie in einen Bankentempel gehen, fühlen Sie vielleicht Ehrfurcht in sich aufsteigen. Aber Sie müssen sogar am Schalter manchmal eine ganze Zeitlang warten, nur damit Sie Ihr Geld abliefern dürfen. Ehrfurcht ist also sicherlich unangebracht.
Wovor sollten Sie Ehrfurcht haben?
Vor einer cleveren Geschäftsidee, die Ihnen Ihr sauer verdientes Geld aus der Tasche zieht? Vor niedrigen Zinssätzen, die man Ihnen unterjubelt? Unser Tipp lautet also: verlieren Sie ein wenig den Respekt vor den Banken, Kreditinstituten, Bausparkassen und Versicherungsgesellschaften. Sehen Sie, wenn Sie umgekehrt Geld brauchen, schlagen eben diese Institute ordentlich zu. Und berechnen *Ihnen* satte Zinsen. Und zudem noch „Gebühren“ für dieses und jenes.
Es ist also manchmal sehr viel klüger, den Service der Banken nicht in Anspruch zu nehmen. Banken machen umgekehrt mit Ihnen ein gutes Geschäft. Beurteilen Sie mithin in Zukunft Banken nicht mehr nach der beeindruckenden Höhe ihrer Gebäude, den ordentlich gekleideten Bankangestellten, dem manchmal arroganten Gehabe der Banker oder der sündhaft teuren Werbung.

Das sind alles Äußerlichkeiten, die Ihnen lediglich verraten, dass die Banken ausnehmend geschäftstüchtig sind.
Beurteilen Sie Banken nach Ihren Angeboten.
Erhalten Sie gute und hohe Zinsen für Ihr Geld, das Sie ansparen wollen? Ja? Nein?
Üblicherweise ist die Antwort *Nein.* Ergreifen Sie also die Flucht, so schnell wie möglich, wenn Ihnen ein niedrigverzinsliches Finanzprodukt aufs Auge gedrückt werden soll.
Rechnen Sie! Gebrauchen Sie Ihren eigenen Verstand.
Und ziehen Sie stets die Inflation in Rechnung, die immer und ausnahmslos Ihr Geld vernichtet, zumeist schleichend und durch die Hintertür, manchmal aber auch brutal und direkt.
Kurz gesagt brauchen Sie sehr viel bessere Geldanlage-Möglichkeiten. Setzen Sie nicht auf Bausparverträge, Lebensversicherungen, Festverzinsliche Wertpapiere oder auf all die angeblich tollen „Sparmodelle", die Banken anbieten und die angepriesen werden wie Manna, das vom Himmel regnet. Rund 99% aller Finanzprodukte sind niedrigverzinslich und taugen nichts.
Außerdem müssen Sie um diesen Umstand wissen:
Banken und Anlagegesellschaften erfinden ständig neue Finanzprodukte, die ausnahmslos beeindruckende Namen besitzen. Aber Namen sind Schall und Rauch. Schauen Sie auf die Zinsen, die diese Produkte abwerfen. Im Allgemeinen können Sie neue, „aufregende", „besondere" Finanzprodukte völlig vergessen. Gewöhnlich handelt es sich um nur um alte Finanzprodukte in neuen Verpackungen. Mit ein paar flotten Werbesprüchen, ein paar Fremdwörtern und einigen scheinbaren Vorteilen sucht man Sie zu ködern.
Das Wissen um die schleichende oder die galoppierende Inflation verschafft Ihnen zudem einen weiteren Vorteil, wenn es um die Frage Ihrer Rente geht.
Was hat es damit auf sich?

7. DIE SICHERE RENTE

Wir hätten dieses Kapitel besser überschrieben mit „Die Rentenlüge“, denn das wäre der Wahrheit näher gekommen. Wir sprechen von der „Gesetzlichen Rentenversicherung“, die Ihnen angeblich eines Tages ein finanziell sorgenfreies Alter ermöglichen wird.
Verschwiegen wird bei dem Polit-Slogan „Die Rente ist sicher“ (oder wie auch immer die Formulierung lautet), dass es sich bei Ihrer Rente … wieder nur um Papiergeld handelt, das Ihnen eines Tages angeblich ausgezahlt werden wird, nicht um einen Sachwert. Sprich man wird Ihnen (hoffentlich!) im hohen Alter zum Beispiel 1.600 € „Rente“ auf Ihr Konto überweisen, nicht etwa einen Teil einer Immobilie oder Gold oder einen anderen „Sachwert“.
Nun gebrauchen Sie aber einmal Ihren Kopf.
Wenn die angeblich ach so stabile Deutsche Mark, wie Sie jetzt bereits wissen, innerhalb von 50 Jahren drei Viertel Ihres Wertes ehemals verlor, was wird dann im Laufe der Zeit mit dem Euro passieren? Der Euro ist grundsätzlich sehr viel anfälliger als die Deutsche Mark, was die Stabilität angeht, weil er auch schwache Volkswirtschaften repräsentiert, wie die Volkswirtschaften Italiens, Spaniens oder Irlands.
Kurz gesagt wird auch der Euro einer zunehmenden Inflation unterliegen. Wenn der Euro nun ebenfalls drei Viertel seines Wertes verliert, werden die 1.600 €, mit denen Sie im Alter zum Beispiel fest rechnen, nur noch ein Viertel ihrer ursprünglichen Kaufkraft wert sein, also 400 €.
Verstehen Sie?
Sie leben möglicherweise in der Illusion, „für das Alter Vorsorge getroffen zu haben“. Sie zahlen brav und eifrig in die „Gesetzliche Rentenversicherung“ Ihr hart verdientes Geld ein – nur um am Ende festzustellen, dass Sie allein schon durch die Inflation betrogen worden sind.
Wenn etwas *nicht* sicher ist heute, so ist es die angeblich „sichere Rente“. Warum? Nun es gibt von der Inflation abgesehen darüber hinaus mindestens fünf Fakten, die Sie sich zusätzlich vor Augen halten müssen, wenn es um die Gesetzliche Rentenversicherung geht.

FAKT 1

Grundsätzlich besitzen Sie bei der „Gesetzlichen Rentenversicherung“ kein verbrieftes *Anrecht* auf eine bestimmte Summe am Schluss. Die

wenigstens Bundesbürger wissen, dass es sich bei der „Gesetzlichen Rentenversicherung“ lediglich um einen so genannten „Generationenvertrag“ handelt. Das heißt auf gut deutsch, dass die junge Generation die älteren Semester, eben die Rentner, durch ihre Einzahlungen finanzieren werden … sofern alles gut geht. Aber die Höhe der Summe, die Ihnen bei der Gesetzlichen Rentenversicherung zugestanden wird,
schwankt ständig. Sie ist abhängig davon, wie viele neue junge Bundesbürger und Erwerbstätige tatsächlich in diesen Topf, genannt „Die Gesetzliche Rentenversicherung“, auch einzahlen. Je weniger Leute Geld in diesen Topf tun, umso unsicherer ist das Ergebnis, sprich umso niedriger wird einmal *Ihre* Rente ausfallen. Anfänglich funktionierte das Spiel in Deutschland einigermaßen gut, aber vergessen Sie nie, dass es sich nur um einen „Generationenvertrag“ handelt, der nie gesetzlich-juristisch von Ihnen eingefordert werden kann, er ist nicht einklagbar.
Noch einmal: Eine bestimmte Summe wird Ihnen nicht garantiert. Tatsächlich sinkt diese Summe ständig ab.
Warum?

FAKT 2
Sehr einfach: Es gibt in Deutschland inzwischen weniger und weniger Menschen, die in diesen Topf einzahlen. Die Geburtenrate ist rückläufig. Zu viele Bürger weigern sich, zugunsten von Kindern auf ihrer Karriere zu verzichten. Was bedeutet das konkret? Nun, immer weniger Erwerbstätige müssen für immer mehr Rentner Sorge tragen.
Es mangelt an Babys.
Über 500.000 Babies fehlen momentan pro Jahr.
1910 sah der Spaß noch ganz anderes aus. Zahlreiche Beitragszahler sorgten für einen Rentner. 100 Menschen sorgten für einige wenige Rentner. Diese Last war leicht zu buckeln: 100 junge Menschen hatten für ein paar Rentner Sorge zu tragen, das konnte man sich gefallen lassen.
1980 entfielen auf 100 Erwerbstätige jedoch bereits 46 Rentner.
2000 mussten 100 Erwerbstätige bereits 57 Rentner finanzieren.
Im Jahre 2020, so die Prognose, werden 100 Erwerbstätige 70 Rentner ernähren müssen.
Und im Jahre 2035 kommen auf 100 Erwerbstätige 97 Rentner.
Verstehen Sie?
Das Verhältnis verschlechtert sich laufend.

Wenn jedoch am Schluss ein Erwerbstätiger einen Rentner finanzieren muss, so funktioniert der „Generationenvertrag“ ganz einfach nicht mehr.

FAKT 3

Während immer weniger Kinder das Licht der Welt in Deutschland erblicken, wächst die Zahl der Alten und damit die Zahl der Rentner. Zugegeben, es ist begrüßenswert, dass wir statistisch gesehen immer länger leben. Aber das heißt das auf der anderen Seite auch, dass mehr Rentner finanziert werden müssen. Das bedeutet im Klartext: Der Topf der Gesetzlichen Rentenversicherung leert sich weitaus schneller als vorhergesehen. Es gibt also zum einen weniger Einzahler und zum anderen mehr Empfänger, die auch noch länger leben.
Die Zeitdauer des Rentenbezugs steigt inzwischen dramatisch an, tatsächlich erhöht sich die Lebensdauer der Menschen in den Industrieländern ständig.
Man braucht kein mathematisches Genie zu sein, um zu erkennen, dass die ursprüngliche Rechnung damit nicht mehr aufgeht.
Der Dumme sind Sie, sofern Sie auf die „Gesetzliche Rentenversicherung“ setzen.

FAKT 4

Hinzu kommt, dass bei steigender Arbeitslosigkeit ebenfalls immer weniger Menschen in den Topf der Gesetzlichen Rentenversicherung einzahlen. Das bedeutet, wenn eines Tages in Deutschland die Wirtschaft zu lahmen beginnt, werden weniger Arbeitsplätze zur Verfügung stehen und damit weniger Einzahler.
Das wiederum hat zur Konsequenz, dass Sie, der künftige Rentner, mit einem noch größeren Loch in der Rentenkasse rechnen müssen.

FAKT 5

Ein gut gehütetes Geheimnis besteht schließlich darin, dass die Herren Politiker aus dem Topf der Gesetzlichen Rentenversicherung ständig Geld stibitzen und zweckentfremdet einsetzen. Wir wollen nicht sagen: Es wird aus diesem Topf Geld gestohlen, das klänge zu unfein. Aber während dieses „Rentengeld“ eigentlich nur Rentnern vorbehalten bleiben sollte, greifen Politiker aller Parteien schamlos in eben diesen (Renten-) Topf, um damit alles Mögliche zu finanzieren.

Das *Kölner Institut für Wirtschaft* stellte fest, dass allein von 1991 bis 1993 die Rentenkasse um rund 49 Milliarden Mark erleichtert wurde. Geldlöcher bei der *Bundesanstalt für Arbeit* wurden damit gestopft, aber auch ein Teil der Folgekosten der Deutschen Einheit finanziert. Pikant: Die Kosten hätten gemäß Grundgesetz nicht nur von Arbeitnehmern und Arbeitgebern getragen werden müssen, sondern auch von Beamten, was jedoch nicht geschah. Das nur am Rande. Aber auch Vorruhestandsgelder, Geldspritzen für billigere Krankenversicherungen und anderes mehr wurde unerlaubterweise mit Rentengeldern finanziert.
Sehen Sie, was Sache ist?
Politiker sind selten oder nie verantwortungsvoll, wenn es darum geht, Geld zu sparen, sie geben es im Gegenteil gern mit beiden Händen aus und versprechen dem Wahlvolk alles Mögliche, nur damit sie wiedergewählt werden.
Außerdem stopfen Sie Löcher mit Geldern, die eigentlich einem anderen Verwendungszweck dienen sollten.
Und so könnten wir genüsslich einen Skandal nach dem anderen an dieser Stelle abhandeln, aber wir sind sicher, Sie haben die Tatsachen längst verstanden: Rentengelder werden zweckentfremdet eingesetzt.
Was also ist die logische

SCHLUSSFOLGERUNG 1?
Nun, unsere Renten müssen entweder
– gesenkt werden oder
– die Einzahlungsbeiträge müssen erhöht oder
– das Rentenalter muss heraufgesetzt werden.

Natürlich können auch alle drei Faktoren gleichzeitig bemüht werden.
In allen drei Fällen werden Sie betrogen und um Ihre schöne Rente gebracht, beziehungsweise um einen Teil davon.
Im Moment jagt eine Korrektur der Gesetzlichen Rentenversicherung die nächste, sie wird, plastisch ausgedrückt, wie eine Sau durch die Gassen gehetzt.
Da die negativen Trends bestehen bleiben, heißt das im Klartext, dass es ein ziemlich schlechtes Geschäft ist, wenn Sie auf die *Gesetzliche Rentenversicherung* setzen. Schon gibt es außerdem Proteste junger Beitragszahler, die sich dagegen sträuben, dass Ihnen mehr und mehr Geld

aus der Tasche gezogen wird. Vielleicht kommt es eines Tages zu einem Generationen-Verteilungskampf.

Fest steht auf jeden Fall so viel: Die „sichere Rente“ ist nicht sicher. Wenn Sie auf die Gesetzliche Rentenversicherung wetten, wird es für Sie eines Tages ein böses Erwachen geben. Sie werden in Altersarmut enden, die schon heute in Deutschland ein Problem darstellt; das Problem wird sich künftig sogar noch verschärfen.

Stellen Sie die Inflation in Rechnung, die Ihnen aller Voraussicht nach rund drei Viertel Ihrer Einzahlungen in die Gesetzliche Rentenversicherung *zusätzlich* stehlen wird. Ziehen Sie weiter die gerade vorgestellten fünf Fakten ins Kalkül.

Danach kommen Sie zu einer einigermaßen vernünftigen Berechnung Ihrer künftigen Rente.

Wir schätzen, dass Sie um rund 90% Ihres Geldes betrogen werden, was die Gesetzliche Rentenversicherung angeht, alle Faktoren eingerechnet.

SCHLUSSFOLGERUNG 2

Setzen Sie also nicht auf „Vater Staat“, wenn es um Ihr Geld geht. Denken Sie den Begriff „Inflation“ durch, bis zur letzten Konsequenz. Danach werden Sie gänzlich anderen Sparmethoden den Vorzug geben als bisher. Sie werden gewissermaßen erwachen.

Andererseits ist es erfreulich und erstaunlich, was man alles lernen kann, wenn man nur ein Wort richtig versteht und fähig ist, die richtigen Schlussfolgerungen aus einem einzigen Begriff zu ziehen. Man gehört damit zum obersten Zehntel des obersten Hundertstels der Intelligenz.

Nun gibt es neben der Inflation noch einen weiteren Dieb, den wir vorstellen müssen. Danach werden wir endgültig Lösungen aufzeigen, die es in sich haben.

Aber kommen wir zunächst einem letzten Räuber auf die Schliche, der Ihren Geldbeutel ständig leert.

8. STEUERN STEUERN

Auch das Thema Steuern ist von Belang, wenn es darum geht, die richtige Geldanlage zu tätigen.
Grundsätzlich sind die Steuern in Deutschland unverschämt hoch.
Die Steuereinnahmen von Bund, Ländern und Gemeinden betragen momentan rund 650.000 Millionen Euro. Sobald dieses Buch erscheint, wird es sich um 700.000 Millionen Euro handeln, ein Jährchen später um 800.000 Millionen Euro und schon bald um 1.000.000 Million Euro. In Worten: um eine Million Millionen Euro.
Satt!
Wir werden für alles Mögliche und Unmögliche besteuert. Die Umsatz- und Mehrwertsteuer machen den dicksten Brocken aus, danach folgen die Lohnsteuer, die Gewerbesteuer, die Energiesteuer und die Einkommenssteuer.
Aber es gibt auch so „schöne" Dinge wie die Tabaksteuer, die Kfz-Steuer, die Erbschaftssteuer, die Branntweinsteuer, die Lotteriesteuer, die Kaffeesteuer, die Biersteuer, die Hundesteuer, die Zweitwohnungssteuer, die Salzsteuer, die Süßstoffsteuer, die Tanzsteuer oder die Jagdsteuer.
Kurz gesagt werden wir geschröpft an allen Ecken und Enden.
Neue Steuern werden ständig erfunden, weil angeblich gerade ein Problem zu lösen ist, aber sobald das Problem verschwunden ist, verschwindet beileibe nicht die Steuer.
Ferner gibt es verschiedene „Abgaben" oder „Zuschläge", die nicht das Wort „Steuer" im Gepäck führen, aber bei Licht betrachtet nichts anderes sind als eine Steuer. Es gibt also versteckte Steuern. Der Staat ist ein Meister darin, heimliche Steuern zu erheben.

GESETZE DER GESCHICHTE
Steuern besitzen die fatale Eigenschaft, dass sie sich verselbständigen und automatisch erhöhen; selten oder nie wird die Erhöhung einer Steuer oder eine neue Steuer, die einst aus „guten Gründen" eingeführt wurde, zurückgenommen; sie wird im Gegenteil bei jeder sich bietenden Gelegenheit erhöht.
Ferner machen Steuern Steuer-Behörden notwendig, lies Finanzämter. Diese Steuer-Behörden haben jedoch die Tendenz, sich ebenfalls zu verselbständigen, ja aufzublähen, so dass riesige Bürokratien entstehen, die

unglaubliche Kosten verursachen und von dem Volk als Unterdrückung empfunden werden.
Nur ein Beispiel aus der deutschen Geschichte: Einem gewissen Zacharias Geizkofler, der von 1598–1604 als führender Steuerbeamter des *Heiligen Römischen Reiches tätig war, um den „Gemeinen Pfennig" einzufordern, standen nur 30 Beamte und 300 Federkiele zur Verfügung. Trotzdem trieb er ehemals 88%* der gesamten deutschen Reichssteuern ein. Man vergleiche dies mit dem Umfang der heutigen Finanzämter ...
Darüber hinaus ist der Staat ein Meister darin, Steuervorteile für bestimmte Gruppierungen zu verschleiern und trotz hoher Steuern, mit der die Allgemeinheit gequält wird, den gerade Herrschenden unanständig hohe steuerliche Vorteile zu gewähren.
Beispiele aus der deutschen Geschichte sind:
1. Die Steuervorteile des Adels und der Kirche im Mittelalter.
2. Die Steuervorteile Bismarcks im 19. Jahrhundert.
3. Die Diäten der Abgeordneten heute: Man spricht in diesem Zusammenhang vornehm von „Abgeordnetenentschädigungen", in Wahrheit handelt es sich um lupenreine Steuervorteile.
Die beiden Hauptgründe für zu hohe Steuern, die gewöhnlich vorgeschoben werden und dem Volk propagandistisch verkauft werden müssen, sind:
Entweder muss ein Krieg gewonnen werden – oder der angeblich notwendige Wohlfahrtsstaat ist zu finanzieren.
„Gute Gründe", die bei Licht betrachtet nicht wirklich stechen, erfinden Politiker nur all zu gerne. Dabei bremsen hohe Steuern immer und ausnahmslos die Wirtschaft eines Landes aus. Das ist der Preis, den Deutschland im Moment für zu hohe Steuern zahlt: Kapitalflucht, Unternehmens-Auslagerungen, in der Folge eine höhere Arbeitslosigkeit und ein genereller Niedergang der Wirtschaft.
Wie töricht kann ein Staatenlenker also sein, der sein Land mit hohen Steuern belegt?
Hoch entwickelte Staaten, die niedrige Steuern von ihren Bürgern einfordern, blühen und gedeihen, Staaten die hohe Steuern einfordern, bereiten ihren eigenen Niedergang vor. Das wurde über 100 Mal durch die Geschichte selbst bewiesen.
Lesen Sie das Buch von Frank Fabian, *Was wir aus 10.000 Jahren Geschichte lernen können sowie* von dem gleichen Autor *Die Steuer-Tyran-*

nei, und Sie werden nicht mehr an der Nase herumgeführt werden können. Über 100 Staaten in der Gegenwart und in der Geschichte untersuchte Autor Fabian. Und immer wieder kam er zu dem gleichen Ergebnis: Nur niedrige Steuern führen zur Blüte eines Landes.
Sie, der geschätzte Leser, erkennen sehr rasch, dass wir kein Freund der hohen Steuern und Abgaben heute sind. Sie sind nicht nur schädlich für das Individuum, für Sie also, sondern auch für den Staat insgesamt.
Doch alles Gejammer hilft nichts. Die einzig legitime Frage lautet:
Was können Sie tun?

WIE SIE GANZ LEGAL STEUERN SPAREN

Nun, unser erster Rat lautet: **Hinterziehen Sie keine Steuern.**
Sie befinden sich ansonsten automatisch in einer denkbar schwachen Position und können sogar im Gefängnis landen.
Unser zweiter Rat hört sich so an: **Lesen Sie alle „Steuerspar-Bücher" unter der Sonne, die Ihnen zwischen die Finger kommen.**
Der springende Punkt ist: **Sie müssen sich *selbst* sachkundig machen. Bauen Sie nicht auf einen Steuerberater.**
Es ist ein Fehler, einen „Steuerberater" anzuheuern und zu glauben, damit wäre der Fisch geputzt. Steuerberater kennen selten Ihre Gesamtsituation. Weiter gibt es nicht eben wenige „Steuerberater", die Ihnen zu einem „tollen" Investment, lies zu einem bestimmten „Steuerschlupfloch" raten – während sie gleichzeitig, hinter Ihrem Rücken und ungesehen, die Hand aufhalten und zum Beispiel von einem Immobilienhai eine satte Provision kassieren, für die „Arbeit", Sie in ein Steuerschlupfloch hineingeschwätzt haben.
Sie verstehen?
In Sachen Geld und Investment ist Misstrauen angesagt.
Die meisten Steuerberater sind wahrscheinlich ehrliche Gesellen, aber Sie wissen nie, welche Absprachen hinter Ihrem Rücken getroffen werden. Darüber hinaus kennt kein Steuerberater Ihre Situation so genau wie Sie selbst.
Es führt tatsächlich kein Weg daran vorbei, zumindest im Groben die wichtigsten Steuerspar-Möglichkeiten zu kennen. Versuchen Sie nie, diesen Job, Steuern zu sparen, zu delegieren, auch nicht an einen guten Freund oder an Ihren Lebenspartner.
Warum? Der Job ist zu wichtig.

Es fällt also in *Ihren* Verantwortungsbereich, sich einzulesen und die „Denke“ der Finanzämter zu verstehen. Sobald Sie sich ein wenig auskennen, tun Sie alles, aber auch wirklich *alles*, um der Gier des Finanzamtes einen Riegel vorzuschieben. Bleiben Sie dabei jedoch immer auf dem Boden des Gesetzes.
Natürlich können wir im Rahmen dieses Buches nicht für jeden Bürger und für jede Situation die ideale Lösung vorstellen. Grundsätzlich müssen Sie Ihre *individuelle Situation* in Augenschein nehmen, es gibt kein Patentrezept für jedermann. Sprich dieser Zeitgenosse will seine Einkommensteuer nach unten fahren, jener Zeitgenosse möchte lediglich, dass seine Söhne keine Erbschaftssteuer nach seinem Tode berappen müssen. Weiter besteht ein Unterschied darin, ob man über eine Firma mit 100 Angestellten verfügt und Millionenumsätze schreibt oder sich „nur“ um ein Einkommen von 50.000 Euro kümmern muss.

WEGE, DIE NACH ROM FÜHREN

Behalten Sie stets im Auge, dass es hier um *Ihr* Geld geht. Rechnen Sie sich aus, wie viel Sie in zwanzig Jahren „verdienen“ können, wenn Sie jedes Jahr „nur“ 10.000 Euro den Klauen des Finanzamtes entreißen.
Haben oder Nichthaben, das ist hier die Frage.
In diesem Sinne empfiehlt es sich beispielsweise, auch einmal ernsthaft darüber nachzudenken, zusätzlich eine kleine Firma oder ein winziges Unternehmen zu gründen, selbst wenn Sie fest angestellt sind. Man kann vielleicht ein bescheidenes Gewerbe anmelden oder auch nur nebenbei selbständig arbeiten. In diesem Fall können Sie in der Folge alles Mögliche und Unmögliche absetzen. Lesen Sie sich hierzu in die entsprechende Literatur ein. Sie können auf unterstem Niveau anfangen – aber auf diese Weise dem Fiskus ganz legal ein Schnippchen schlagen, denn speziell zu Beginn der Selbständigkeit fallen gewöhnlich recht viele Kosten an, die Sie absetzen können. Selbst wenn Sie einen Urlaub machen, so kann dieser Urlaub beispielsweise dazu dienen, vor Ort Recherchen anzustellen und Kontakte zu knüpfen, weil Sie eben an diesem Ort geschäftlich tätig werden wollen oder weil Sie bestimmte Verbindung für Ihr (neues) Unternehmen brauchen.
Achten Sie jedoch auf hieb- und stichfeste Nachweise.
Grundsätzlich stimmt dies: Solange Sie allein dem deutschen Recht und den deutschen Steuerverordnungen unterliegen, sind Sie verratzt, Sie sind

verraten und verkauft, wie man so schön sagt. In Deutschland wird Geld mit einer Gier und einer Brutalität von den Finanzämtern abgegriffen, dass man nur staunen kann. Es ist also richtig, den Blick ins Ausland zu richten.

Auch der Selbständige, der sich „nur" um 100.000 Euro Einkommen kümmern muss, sollte ganz ernsthaft darüber nachdenken, ob es nicht finanziell klüger ist, zumindest teilweise vom (steuerbegünstigten) Ausland aus zu operieren.

Natürlich gehört zu dieser Variante eine gehörige Portion Mut, weiter muss man sich wirklich sachkundig machen. Aber diese Strategie ist ohne weiteres durchführbar, sofern man bereit ist, weniger als 183 Tage pro Jahr in Deutschland zu verbringen.

Großbritannien bietet beispielsweise hierfür eine exzellente Möglichkeit. Die Steuern, die Sie in der Folge zahlen, sind sehr viel niedriger. Und: es ist durchaus möglich, nach wie vor geschäftliche Kontakte in Deutschland zu unterhalten.

Man kann etwa eine sogenannte *Limited Company* (Ltd.) gründen, eine Unternehmensform, die der deutschen GmbH verwandt ist. Die Vorteile sind beträchtlich. Das erforderliche Stammkapital ist niedrig, weiter kann man die *Limited Company* rasch eintragen lassen, in ein paar Tagen tatsächlich. Am wichtigsten aber ist der Umstand, dass man die Möglichkeit besitzt, die Steuerbelastung (in Großbritannien) deutlich zu senken.

Längst gibt es eigene Dienstleister, die sich darauf spezialisiert haben, bei der Gründung einer *Ltd.* behilflich zu sein. Auch in Fällen von Schulden sollte man über eine Ltd. nachdenken.

DAS AUSWANDERN

Wollen Sie endgültig der deutschen Steuer-Tyrannei ade sagen, so sollten Sie mit Sack und Pack auswandern.

Nach wie vor herrschen in vielen anderen Ländern paradiesische Zustände, was das Thema *Steuern* angeht. Wenn die Steuern deutlich niedriger liegen als in Deutschland, gewinnen Sie hoch, wie etwa in vielen Staaten der USA. Texas zum Beispiel ist ein regelrechtes Steuerparadies.

Die beliebtesten Länder in puncto Steuern sind: Andorra, die Bermudas, die Cayman Islands, Großbritannien, die Isle of Man, die Channel Islands, Liechtenstein, Malta, Monaco, Österreich, die Schweiz und die USA.

Andorra ist ein unabhängiger Zwergstaat, der in den Pyrenäen gelegen ist –

zwischen Spanien und Frankreich. Der Wintersport und der Tourismus sind hier gut entwickelt. Die Lebenserwartung in Andorra liegt bei über 82 Jahren und ist eine der höchsten der Welt.

Die *Bermudas* bestehen aus 150 Inseln. Sie liegen im Atlantik, nicht allzu weit von Florida und dem USA-Festland entfernt. Hier spricht man englisch, es herrscht britisches Recht, die Einkommensteuer beträgt 0 Prozent. Die Bermudas stehen unter der Oberhoheit Großbritanniens.

Die *Cayman Islands* liegen südlich von Kuba, sie stehen ebenfalls unter der Hoheit Großbritanniens.

Bei der *Isle of Man* handelt es sich um eine Insel in der Irischen See, die jedoch direkt der britischen Krone unterstellt ist. Sie ist ein gesondertes Rechtssubjekt und nicht Teil der Europäischen Union.

Die *Channel Islands* liegen zwischen England und Frankreich, also gewissermaßen direkt vor unserer (norddeutschen) Haustür. Auch hier beträgt die Einkommenssteuer 0 Prozent.

Die Republik *Malta* liegt südlich von Italien.

Über die Lage von Liechtenstein, Monaco, Österreich, Großbritannien, die Schweiz und die USA brauchen wir niemanden aufzuklären. In der der Schweiz zahlt man nur eine geringe Einkommenssteuer. Wenige Zeitgenossen wissen, dass in Zürich jeder zweite (!) Bürger Millionär ist. Der Grund: Niedrige Steuern.

Rund 750.000 Menschen verlassen momentan *jedes Jahr* Deutschland, eine dreiviertel Million also. Beliebt ist die Schweiz, denn sie liegt direkt vor unserer Nase und hier spricht man deutsch, jedenfalls teilweise. Jeder zehnte Arzt in der Schweiz ist bereits deutscher Abkunft. Beliebt sind aber auch die USA, wenn es um das Thema *Auswandern* geht.

Jedes einzelne Land besitzt seine genauen Gesetze und Bestimmungen, was die Immigration / die Einwanderung angeht. Wir können sie nicht alle an dieser Stelle auflisten. Grundsätzlich sollte es sich nie um eine Hauruck-Aktion handeln, das Auswandern muss sorgfältig geplant werden. Darüber hinaus muss das Einkommen sichergestellt werden, ansonsten fällt man auf die Nase. Fast immer empfiehlt es sich, einen Immigration-Anwalt des Einwanderungslandes zu engagieren, der die Bedingungen genau kennt. Vorher sollte man sich entsprechend einlesen, die Literatur über das Know-how des Auswanderns ist inzwischen sprunghaft angestiegen. Richtig ist es darüber hinaus, sich bei Auswanderern direkt zu erkundigen, die erfolgreich Deutschland ganz oder teilweise den Rücken gekehrt haben.

Vernachlässigen Sie also nie das notwendige Know-how.
In den USA etwa sind bestimmte gesetzliche, finanzielle und medizinische Voraussetzungen notwendig. Kennt man sie alle, ist das Auswandern so schwierig nicht.
Zu guter Letzt zahlt sich das Auswandern in steuerlicher Hinsicht immer aus, Sie sind schlussendlich der lachende Dritte.

STEUERN SPAREN IM INLAND
Aber nicht jeder von uns kann oder will auswandern. In diesem Fall bleibt Ihnen nichts anderes übrig, als sich mit den deutschen Steuer-Verordnungen herumzuschlagen.
Der letzte Rat, den wir geben wollen, lautet: **Informieren Sie besonders sich über alle Steuerspar-Möglichkeiten in Deutschland, die in Richtung bestimmter Investments oder Sparanlagen zielen.**
Sie müssen aus dem Effeff beispielsweise alle Steuerspar-Möglichkeiten bei Immobilien kennen, aber auch die Steuer-Gesetzgebung, was Aktien angeht.
Wieder gilt: *Sie* müssen Sie kennen, delegieren Sie diese Aufgabe nicht.
Der deutsche Staat bietet nach wie vor zahlreiche Möglichkeiten an, der Steuer ganz legal ein Schnippchen zu schlagen.
Da sich die Gesetzgebung in dieser Beziehung alle naselang ändert, verzichten wir an dieser Stelle darauf, sie hier aufzuführen.
Sobald Sie jedoch wissen, wo und wie Sie Steuern sparen können, ändert sich die Rechnung bei bestimmten „Investments“ oder „Sparmöglichkeiten“ erneut vollkommen.
Favorisieren Sie in Zukunft jene „Spar-Anlagen“ oder „Investitionen“, wo Ihnen schöne Steuerspar-Vorteile geboten werden, denn dann zahlt der Staat mit.
In diesem Fall ist ein „Finanzberater“ manchmal von Vorteil, denn das ist sein ureigenstes Metier. Sie müssen lediglich wissen, dass beileibe nicht alle Steuervorteile, die der deutsche Staat bietet, automatisch dazu führen, dass Ihre Investition etwas taugt.
Ein Beispiel: rund 90% aller Investoren, die nach dem Fall der Mauer in der ehemaligen DDR Immobilien kauften, weil hier immense Steuervorteile lockten, kauften ihre Immobilien weitaus zu teuer ein.
Sie verloren unter dem Strich sehr viel Geld. Das heißt, Steuervorteile sind schön und gut, aber sie sind nicht der Nabel der Welt. Sie sollten nie

das alleinige Entscheidungs-Kriterium für ein Investment sein.
Das Argument *Steuervorteile* wurden in der Vergangenheit von gewissenlosen „Finanzberatern“ und „Immobilienhaien“ übel missbraucht. Im Klartext heißt das: Eine Immobilie beispielsweise muss sich auch ohne Steuervorteile gut rechnen. Zu diesem Thema an späterer Stelle mehr.
Aber verweilen wir noch einen Augenblick bei dem Stichwort „Finanzberater“. Praktisch jeder „Finanzberater“ wird Ihnen empfehlen, bestimmte Versicherungen nicht außer Acht zu lassen.
Was ist hier die Wahrheit?
Oh, auch in dieser Beziehung wird gelogen, dass sich die Balken biegen.

9. VERSICHERT GEGEN VERSICHERUNGEN?

Wenn Sie einem „Finanzberater“ in die Hände fallen, so wird er Ihnen mit hoher Wahrscheinlichkeit verschiedene Versicherungen anempfehlen, die angeblich absolut notwendig sind.
Wir werden auf die Frage der wirklich notwendigen Versicherungen gleich zu sprechen kommen, aber zunächst so viel: In dem Wort *Versicherung* steckt das Wort *sicher,* das sich aus dem lateinischen Wort *securus* ableitet, was natürlich wiederum „sicher“ bedeutet. Deswegen sagt man statt „Versicherung“ auch vornehm „Assekuranz“.
„Versicherungen“ kennen wir seit geraumer Zeit. Schon im alten Rom und im Mittelalter gab es so etwas wie Versicherungen. Die wesentliche Leistung dieser frühen „Versicherungsgesellschaften“ die damals natürlich ganz anders hießen, bestand in einem Sterbegeld, das ein würdiges Begräbnis sichern half. Das heißt, die „Lebensversicherungen“ in der Antike und im Mittelalter waren genau betrachtet Sterbekassen-ähnliche Vereinigungen. Einmal im Monat trafen sich die Genossen dieser Vereinigungen und entrichteten einen Beitrag, um später anständig begraben werden zu können.
In der Folge bildeten sich zahlreiche berufsbezogene Vereinigungen – die der Soldaten, der Schauspieler, der Kaufleute oder der Handwerker – die ihren Mitgliedern die Beerdigungskosten zahlten.
Selbst die Seeräuber kannten bereits gewisse Arten von Versicherungen. Verloren Seeräuber beispielsweise in Westindien im 15. Jahrhundert im Gefecht einen Arm, so wurde er mit Gold aufgewogen. Manchmal wurde der Räuber von den anderen Piraten auch auf andere Weise dafür entschädigt. Verlor ein Seeräuber ein Bein und konnte also nicht mehr mitkämpfen beim Entern eines anderen Schiffes, wurde ihm eine Sklavin spendiert, die ihm in der Folge zu dienen hatte.
Seit dem Beginn des 16. Jahrhunderts sind selbständige genossenschaftliche Versicherungseinrichtungen nachgewiesen, wie etwa Brandgilden oder Begrabungsgilden. Im 17. und 18. Jahrhundert finden wir bereits Feuerversicherungsgesellschaften. Ihren eigentlichen Aufschwung nahm die Versicherungswirtschaft erst im 19. Jahrhundert, wo sie für die Industrialisierung ebenso wichtig war wie für die Entwicklung der Wissenschaften etwa, denn immer mehr Menschen und immer mehr Technik brachten immer mehr größere und kostspieligere Risiken mit sich. Im

19. und 20. Jahrhundert explodierten die Versicherungsgesellschaften förmlich. Im 20. und 21. Jahrhundert jedoch machten immer mehr Versicherungsgesellschaften in negativer Weise von sich reden, auch und vor allem in Deutschland.
Es gibt in Deutschland rund 400 Versicherungsunternehmen, so schätzen jedenfalls Experten. Die Sünden eben dieser Unternehmen sind jedoch zahlreich. So gibt es regelrechte Drückerkolonnen, sprich aggressive Verkäufertrupps, die dem Bürger mit allen möglichen Tricks speziell so genannte *Kapitallebensversicherungen* zu verscherbeln versuchen. Drückerkolonnen verkauften ehemals besonders in den neuen Bundesländern Millionen unsinniger Kapitallebensversicherungen, die mit hohen Abschlusskosten verbunden waren und dem Kunden wenig brachten. Sogenannte Allfinanzvertriebe, die damit prahlten, mit spitzer Pinzette besonders gute (Versicherungs-)Produkte aus dem Markt herauszupicken, verhielten sich besonders rabiat. Aber auch die alteingesessenen Versicherungsunternehmen waren oft nicht viel besser. Immer ging es nur darum, dem Kunden eine Kapitellebensversicherung aufzuschwatzen. Die Verkäufer spielten mit, weil hierbei gewöhnlich hohe Provisionen abgegriffen werden konnten. Die Kapitellebensversicherung (kurz KLV) wurde hochgelobt und in den Himmel gehoben, sie geriet zum Star der Finanzprodukte. Der Grund: Man sicherte sich mit ihr gegen verschiedene Risiken ab und sparte gleichzeitig Kapital an. Versicherung und Sparbuch in einem! Aber betrachten wir die KLV einmal unter dem Vergrößerungsglas und objektiv. Mindestens sieben Kritikpunkte stechen sofort ins Auge.

KRITIK Nr. 1
Grundsätzlich kann sich kaum ein Kunde beim Abschluss einer Kapitallebensversicherung ein klares Bild machen, was Sache ist, er kauft also die Katze im Sack. Sprich die Transparenz bei einer KLV ist denkbar gering. Während der Vertragslaufzeit der KLV besitzt der Kunde außerdem keinerlei Einblicke in die Entwicklung seiner Kapitalanlage. Das Vokabular, sprich das Kleingedruckte innerhalb der Verträge, ist für Otto Normalverbraucher viel zu kompliziert. Nun, hier ein erstes Geheimnis: Es wird absichtlich kompliziert gehalten, so dass der Kunde die Verträge nicht wirklich versteht. Der Kunde wird durch Fremdwörter aus dem Rennen geworfen.

Lernen Sie: Wenn Sie ein Finanzprodukt nicht vollständig verstehen, kaufen Sie es nicht.

KRITIK Nr. 2

Bei der KLV gibt es zahlreiche „Nebenkosten“ oder „Weichkosten“, wie das der Fachmann nennt. Sie sind bei der Kapitallebensversicherung im Allgemeinen viel zu hoch. Diese „Nebenkosten“ entstehen unter anderem deshalb, weil schließlich ein (teurer) Außendienst seitens des Versicherungsunternehmens bezahlt werden muss. Aber für Sie, den Investor, heißt das, dass ihr hart verdientes Geld nicht Ihnen zu Gute kommt, sondern dem gewieften Verkäufer, der Sie beschwatzt hat, die KLV abzuschließen.

Auf diese Weise entsteht nur sehr schleppend überhaupt ein Guthaben auf Ihrem Konto. Mit anderen Worten: Unter Renditegesichtspunkten ist die KLV eine reine Katastrophe, speziell in den ersten Jahren, da der Vertrag läuft.

KRTIIK Nr. 3

Der Rückkaufwert einer KLV ist wie gesagt in den ersten Jahren sehr niedrig. Erst ungefähr zur Mitte der Laufzeit entspricht das Guthaben den Beiträgen, die Sie eingezahlt haben.

Es handelt sich also um ein exzellentes Geschäft für das Versicherungsunternehmen, aber um ein denkbar schlechtes Geschäft für Sie.

Noch einmal, im Klartext: Erst etwa nach der halben Laufzeit verfügen Sie überhaupt über die Summe, die Sie eingezahlt haben.

Kündigen Sie vorzeitig Ihre KLV, werden Sie regelrecht bestraft. Sie erhalten nur einen Teil des Geldes zurück, das Sie eingezahlt haben.

Miesere Geschäfte können Sie kaum machen.

KRITIK Nr. 4

Nehmen wir nun an, Sie beißen die Zähne zusammen, kündigen nicht vorzeitig und zahlen über die gesamte Laufzeit ein, zum Beispiel 30 Jahre lang. Nun glauben Sie, dass am Schluss eine satte Rendite winkt. Weit gefehlt! Die Renditen, sprich die Gewinne bei der KLV, sind generell schwach, selbst wenn Sie brav eingezahlt haben. Der Garantiezins für die KLV ist kürzlich erneut in der Diskussion und soll für Neukunden sogar noch einmal (!) gesenkt werden.

Was eben diesen Garantiezins angeht, so gibt es hier ein zweites gut gehütetes Geheimnis. Er wird nur auf den *Sparanteil* des Beitrags, den Sie eingezahlt haben, zugestanden, nicht etwa auf den *Versicherungsteil*. Oh wie klug können Versicherungsgesellschaften ihre Vorteile wahren! Da die KLV Ihnen ja eine Versicherung *und* eine Anlagemöglichkeit in einem Paket anbietet, zahlt sie Ihnen nicht etwa Gewinne auf den Versicherungsteil, verstehen Sie?

Also erhalten Sie nur etwa auf die Hälfte der Summe, die Sie eingezahlt haben, eine Garantiezins. Effektiv sind das momentan (= 2015) 1,75%, aber alles ist im Fluss im Augenblick.

Tun wir etwas Butter bei die Fische und bemühen wir konkrete Zahlen.

Die Höhe der KLV lautet auf 100.000 € zum Beispiel.

Nicht auf 100.000 €, sondern nur auf rund 60.000 € (den „Sparanteil") erhalten Sie jedoch die garantierten 1,75% Rendite, bei einem beliebig angenommenen Fall.

Sehen Sie, wie Sie über den Löffel balbiert werden?

Halt, halt! Wird das Versicherungsunternehmen einwenden. Ihre Verteidiger werden sagen: „Die Rendite (auf dem Sparanteil) sind garantiert, ja, aber darauf hinaus gibt es bei uns noch eine *nicht garantierte* Rendite. Insgesamt liegt sie bei unserem feinen, noblen Unternehmen bei satten 7%."

Hmmm! Hier lauert bereits die nächste Lüge. Offiziell wird gern mit 6 oder sogar 7% Rendite geworben, im Fall der KLV. Es gibt also zusätzlich einen „nicht garantierten Gewinn". Wollen Sie die Wahrheit hören? Tatsächlich sind nur 5–6% Rendite die Regel. Sie werden also mit hübschen Versprechungen geködert, die am Schluss nicht eingehalten werden.

Genaue Untersuchungen haben längst festgestellt, dass die wenigsten Versicherungsunternehmen tatsächlich 7% Rendite ausschütten.

Das heißt, was Ihnen der Verkäufer vorschwärmt (7% Rendite), trifft nur auf sehr wenige Versicherungsunternehmen zu. Und selbst diese wenigen Versicherungsunternehmen können Ihnen diese 7% nicht *garantieren*.

Gewöhnlich werden wie gesagt nur 5–6% Rendite ausgeschüttet.

Diese Rendite wird jedoch, wiederholen wir es, nur auf den *Sparteil* ausgezahlt.

Das heißt, Sie liegen dann vielleicht bei einer schäbigen 3-%-Rendite.

Die Verzinsung ist also besch...eiden!

Nun kalkulieren Sie erneut die 2, 3, 4, 5 oder 6% Inflation ein und Sie erkennen sehr rasch, dass Sie ein elendes Geschäft machen.

Aller Wahrscheinlichkeit nach machen Sie eine „Minusrendite“, Sie verlieren Geld oder Sie retten mit Ach und Krach die Summe, die Sie eingezahlt haben.
Selbst die sogenannte „Schlussüberschussbeteiligung“, wie das der Fachmann nennt, die der Kunde im letzten Jahr erhält, der angeblich „große Schluck aus der Pulle der Renditeflasche“, ist nur Sand, der Ihnen in die Augen gestreut wird.
Denn es bleibt dabei: Im Bestfall erhält der Versicherungsnehmer durchschnittlich nur 5–6% auf seinen Sparanteil, was die Gesamtsumme angeht, also nur durchschnittlich 3%.
Ein Hohn!
Nun könnte man naiv fragen, warum die Versicherungsgesellschaften eine so schlechte Rendite zahlen. Könnten Sie nicht etwas großzügiger sein?
Nun, ein Grund für die geringe Rendite einer KLV besteht hierin: Per Gesetz dürfen Versicherungsgesellschaften nur zu einem geringen Teil in (hochverzinsliche) Aktien investieren, wo sehr viel höhere Renditen möglich wären. Sie müssen „Sicherheit“ großschreiben. So argumentieren jedenfalls die Versicherungsgesellschaften selbst. Das schränkt angeblich das Ergebnis ein.
Aber die volle Wahrheit sieht ganz anders aus: Der Kunde selbst ist praktisch nie an der tatsächlichen Wertentwicklung seines Vermögens beteiligt, das mit seinem Kapital in der Folge geschaffen wird. Sprich seine Versicherungsgesellschaft
bildet hinter seinem Rücken erhebliche „Stille Reserven“, wie das genannt wird. In den seltensten Fällen partizipiert jedoch der Kunde an eben diesen „Stillen Reserven“.
Der Clou ist nun, dass der wahre Mehrwert seines Vermögens durch Aktienanlagen entsteht, in die die Versicherungsgesellschaft flugs investiert. Diese Aktien gehen in der Folge jedoch in diese „Stillen Reserven“ über. Sie werden damit Eigentum der Aktionäre, sprich der Inhaber der Versicherungsgesellschaft. Dem Kunden, Ihnen also, nutzt die intelligente Aktienanlage … gar nichts.
Auch in Immobilien investieren Versicherungsgesellschaften gerne. Aber hier gilt das gleiche: Von dem Geld des Kunden werden die Häuser gekauft, von Ihrem Geld also, aber der Mehrgewinn, der durch eine intelligente Immobilienanlage entsteht, geht in das Eigentum der Versicherungsgesellschaft über.

Wieder nutzt dem Kunden, Ihnen also, die Wertsteigerung der Immobilie … gar nichts. Die Immobilien zählen ebenfalls zu den „Stillen Reserven" der Versicherungsgesellschaft.
Verstehen Sie endlich?
Während Sie mit mageren Zinsen abgespeist werden, machen die Versicherungsgesellschaften den fetten Reibach.
Versicherungen erwirtschaften in der überwiegenden Mehrzahl der Fälle niedrige Renditen für ihre Kunden und rasante Gewinne für ihre Aktionäre.
Unter Rendite-Gesichtspunkten ist es ein Fehler, in eine KLV zu investieren.

KRITIK Nr. 5
Kapitallebensversicherungen offerieren Ihnen darüber hinaus am Schluss nur einen „Geldwert", keinen „Sachwert". Die Vergangenheit hat jedoch wieder und wieder bewiesen, dass Geld der Inflation unterliegt. Geld wird also ständig abgewertet, jedes Jahr. Ständig erblicken außerdem neue Währungen das Licht der Welt, in Falle Deutschlands zuletzt der Euro. Selbst die angeblich ach so stabile Deutsche Mark wurde ehemals systematisch ausgehöhlt. Mit dem Euro wird aller Wahrscheinlichkeit nichts anderes passieren. Das heißt, selbst wenn eine bescheidene Rendite theoretisch erzielt werden könnte, die Inflation frisst diese Rendite normalerweise bei weitem auf, so dass Sie, der Käufer einer KLV, sogar eine Minusrendite machen.
Fängt die Inflation gar an, zu galoppieren, werden Sie regelrecht betrogen.
Nichts ist so unsicher wie ein Geldwert, und damit ist nichts so unsicher wie eine „Lebensversicherung". Im worst case scenario verlieren Sie Ihr gesamtes angespartes Geld oder einen Großteil davon.

KRITIK Nr. 6
Unbekannt ist schließlich, dass dem Kunden und Käufer ein KLV selten oder nie offengelegt wird, was mit den Gewinnen der Gesellschaft tatsächlich passiert. Es handelt sich um ein einziges großes Geheimnis. Manchmal verschwinden Gewinne beispielsweise in einem anderen riesengroßen Geldtopf. Will heißen, wenn etwa eine Holding über einer kleineren Versicherungsgesellschaft angesiedelt ist, so werden Gewinne manchmal sehr einfach an diese Holding abgeschoben. Die Gewinne, die

dann diese Holding macht, sieht der Versicherte ebenfalls nicht. Mit anderen Worten: Es ist abenteuerlich, wie manchmal Kapital innerhalb der verschiedenen Versicherungsunternehmen manipuliert wird.
Konzerngelder können „transferiert“ werden. „Bilanztechnische“ Veränderungen können vorgenommen werden. Das Ergebnis ist immer das gleiche: Stets fließt das Geld in die weiten Taschen der Versicherungsgesellschaft, nicht in Ihre Taschen.

KRITIK Nr. 7
Die größten „Sünden“ sind die falschen Renditeversprechen. Ein weiteres Übel sind darüber hinaus Verträge, die auf das Endalter 85, 95 oder sogar auf 100 Jahre abgeschlossen werden. Das heißt, der Versicherte wird wahrscheinlich nie in den Genuss seines Geldes kommen.
Darüber hinaus gibt es im Rahmen einiger Versicherungsunternehmen regelrechte „Drückerkolonnen“, die je und je großzügig mit Traumurlauben oder sogar Bordellfreikarten „belohnt“ werden. Der „Drücker“, der Verkäufer, muss lediglich jede Woche eine riesige Zahl von KLVs zurückkarren in sein Unternehmen. KLV-Verkäufer werden manchmal motiviert bis unter die Haarspitzen, mit Sex, mit Bonus-Geldern oder mit Sachgeschenken, um Kunden in eine KLV hineinzuschwätzen. Sie werden mitunter sogar systematisch enthemmt, so dass sie völlig gewissenlos nur verkaufen, verkaufen, verkaufen. Ein Krimi, der diese Unsitten beschreibt, steht noch aus.

Namhafte Verbraucherschützer warnen deshalb immer wieder vor der Kapitallebensversicherung. Die *Arbeitsgemeinschaft der Verbraucherverbände* in Bonn bezeichnete die KLVs als unsinnig und zu teuer. Viele Verbraucherzentralen halten sie für regelrecht schädlich. Der *Bund der Versicherten* (Hans Dieter Meyer) darf laut Gerichtsurteil von „legalem Betrug“ sprechen, wenn es um die Kapitellebensversicherung geht. Die *Stiftung Warentest* ist von der KLV ebenfalls nicht begeistert.
Sie aber wissen jetzt, warum dies so ist.
Es gibt wenigstens sieben Kritikpunkte, die bis heute von den Versicherungsgesellschaften nie widerlegt wurden.
Das Fazit lautet also ganz einfach: **Lassen Sie die Finger von Kapitallebensversicherungen.**

GEGEN-ARGUMENTE

Natürlich werden einige „Experten" sofort Einspruch erheben und darauf hinweisen, dass es längst auch „fondsgebundene Lebensversicherungen" gibt, wo Ihr Geld also teilweise in Aktien beispielsweise angelegt wird. Zugegeben, dieses Finanzprodukt ist ein wenig besser. Aber klüger wäre es, wenn Sie gleich in Aktien zu gehen. Dadurch sparen Sie horrende Gebühren und nehmen die anderen Nachteile der KLV, die wir bereits aufgelistet haben, nicht in Kauf.

Wieder andere „Experten" werden darauf verweisen, dass der Kunde mit der KLV schließlich gegen alle möglichen Eventualitäten abgesichert ist und man nicht nur die Rendite isoliert betrachten darf.

Aber auch dieses Argument sticht bei Licht betrachtet nicht. Sehr viel klüger wäre es, diese Risiken durch eine reine Versicherungspolice abzudecken und sich die absolut preiswerteste aus dem Markt herauszupicken. Direktversicherer (und nicht Versicherungsgesellschaften, die mit einem riesigen Außendienst arbeiten, der finanziert werden muss und den indirekt Sie als Kunde mitfinanzieren!) sind üblicherweise die preiswertesten Anbieter.

Vergleichen Sie also Angebote der Direktversicherer und picken Sie sich persönlich die günstigste Offerte heraus; kaum ein Finanzberater wird dies für Sie tun.

Dieses letzte Problem führt uns jedoch zu der Frage, welche Versicherungen überhaupt notwendig sind?

ÜBERFLÜSSIGE UND NOTWENDIGE VERSICHERUNGEN

Grundsätzlich lässt sich die Frage, was notwendige und was überflüssige Versicherungen sind, nicht generell beantworten. Die individuelle Situation muss stets in Rechnung gestellt werden.

Dennoch darf man „grundsätzlich" ebenfalls festhalten, dass heute viele Menschen in Deutschland überversichert sind. Indem ihnen alle möglichen schrecklichen Szenarien vor Auge geführt werden, mit Hilfe der Angst also, schwätzt der ausgekochte Versicherungsvertreter oder Versicherungsagent Otto Normalverbraucher in alle möglichen unsinnigen Versicherungen hinein.

Es mag nicht falsch sein, im Einzelfall eine Berufsunfähigkeits-Versicherung abzuschließen, ferner ist die Krankenversicherung und Kfz-Versicherung ein Muss. Grundsätzlich jedoch sind wir keine Fans von

Versicherungen. Üblicherweise gewinnt die Versicherungsgesellschaft, Sie dagegen verlieren. Tritt tatsächlich später einmal ein Schadensfall ein, sträubt sich die Versicherungsgesellschaft gewöhnlich mit Händen und Füßen (und Anwälten), Ihnen ein paar Euro auszuzahlen.
Erheben wir uns in die Höhen des Humors. Tatsächlich ist es schade, dass man sich nicht gegen Versicherungsgesellschaften versichern kann. Das wäre endlich einmal eine vernünftige Geschäftsidee.
Wir, die Autoren dieses Buches, halten es jedenfalls für klüger, das eigene Geld in eine hochverzinsliche Anlage zu stecken, und Versicherungen weitgehend zu ignorieren. Mit dieser „Politik" sind Sie gewöhnlich am besten bedient.
Stellen Sie sich selbst einfach zwei Fragen in puncto Versicherungen:

Frage Nr. 1:
Ist eine bestimmte Versicherung für mein unmittelbares Überleben notwendig?

Frage Nr. 2:
Ist eine Versicherung im Grunde genommen überflüssig?

Beantworten Sie diese Fragen jedoch im stillen Kämmerlein, wenn gerade kein Versicherungsagent zugegen ist.
Grundsätzlich kann man sich gegen alles und jedes versichern lassen. Selbst aufregende, formschöne Beine einer Schauspielerin oder Diva sind längst versicherungswürdig.
Pfiffige Versicherungsmanager suchen sich darüber hinaus der Zeit anzupassen. Schäden, die durch das Internet etwa entstehen, können Sie heute ebenso mittels eines Assekuranzvertrages abzusichern wie Unfälle beim Skateboarden.
Grundsätzlich gilt: die meisten Bundesbürger verfügen über zu viele und über völlig überflüssige Versicherungen. Einige Fachleute schätzen, dass von drei existierenden Versicherungsverträgen zwei eigentlich unnötig sind. Eine solche Zahl sollte zu denken geben.
Noch einmal: Die Frage muss lauten, welche Versicherung für Ihr unmittelbares Überleben absolut notwendig ist?

DIE GÜNSTIGEN VERSICHERUNGEN

Sobald man einmal etabliert hat, was die wirklich notwendigen Versicherungen sind, gilt es, herauszufinden, wo man eine bestimmte Versicherung am intelligentesten einkaufen kann. Tatsächlich gibt es zahlreiche unterschiedliche Angebote und Tarife.

Wenn Sie anfangen, im Internet zu surfen, werden Sie nach einiger Zeit in vollständiger Konfusion enden. Sie werden nicht mehr wissen, was wahr ist und was unwahr, was klug ist und was unklug ... die Angebote sind zu zahlreich und die Versprechen übertrieben. Jeder von uns weiß heute, dass das Wort *Werbung* nur eine Steigerung des Wortes *Lüge* ist.

Was tun, sprach Zeus?

Tatsächlich ist die Angebotsvielfalt heute fast unüberschaubar. Die Offerten gehen buchstäblich in die Tausende, ja Zehntausende. Kultivieren Sie einfach vier grundsätzliche Richtlinien:

Richtlinie Nr. 1:

Überversichern Sie sich nicht. Schließen Sie also nicht zu viele Versicherungen ab.

Richtlinie Nr. 2

Schließen Sie nicht zu hohe Versicherungen ab.

Richtlinie Nr.3:

Stellen Sie trotz des Überangebotes systematisch Vergleiche an. Überstürzen Sie nichts, niemand drängt Sie. Studieren Sie Verträge genau und lassen Sie sich Zeit.

Richtlinie Nr.4:

Direktversicherungen sind gewöhnlich am preisgünstigsten.

Soviel einige wenige dürre Hinweise, die Ihnen im Zweifelsfall helfen mögen, wenn es um das Thema „Versicherungen“ geht.

Aber kommen wir jetzt endlich zu des Pudels Kern. Und untersuchen wir, wo Sie „richtig“ Geld verdienen und die höchsten Zinsen einfahren können.

10. EIN WORT ÜBER IMMOBILIEN

Um die Katze sogleich aus dem Sack zu lassen: „Richtiges“ Geld, gutes Geld, verdienen Sie mit Immobilien und Aktien.
Bevor wir ein Wort über Immobilien verlieren, müssen wir zunächst noch einmal auf den Unterschied zwischen Sachwert und Geldwert eingehen.

SACHWERT CONTRA GELDWERT
Geldwerte beispielsweise sind: Das Sparbuch, der Banksparplan, die Rente oder die Kapitellebensversicherung.
Sie wissen jetzt bereits, warum der Spaß nichts taugt: Die Inflation kann einen Geldwert in „Nullkommanichts“ vernichten oder auch nur langsam, durch die Hintertür, schleichend.
Warum sollten Sie auf eine so vergängliche, manipulierbare Angelegenheit wie einen Geldwert setzen?
Währungen, die heute noch stark sind, verschwinden oft schon morgen wieder in der Versenkung. Nehmen Sie einmal einen Zehneuroschein in die Hand. Es handelt sich um nichts anderes als um ein Stück bunt bedrucktes Papier. Papiergeld besitzt für sich genommen keinerlei Wert. Der Wert wird völlig willkürlich zugewiesen.
Wir stimmen damit überein, dass man mit einem Zehneuroschein dieses oder jenes kaufen kann, aber diese Übereinstimmung vermag in ein paar Jahren schon nicht mehr existieren.
Selbst Münzgeld ist im Allgemeinen „für sich benommen“ nichts wert, denn es verfügt selten über einen hohen Gold- oder Silbergehalt. Ausnahmen sind Sammlerstücke, alte Münzen oder Münzen, die über einen hohen Edelmetallanteil verfügen. Der reine „Geldwert“, wie das der Fachmann nennt, ist also eine höchst fragwürdige und vergängliche Angelegenheit, sogar bei Münzen
Sachwerte dagegen sind solider: Es handelt sich hierbei um Gold, Wertmetalle überhaupt, Immobilien und Aktien in erster Linie. Aktien repräsentieren einen Teil eines Unternehmens, also etwas „Wirkliches“. „Hinter“ der Sachwert-Anlage steht etwas Handfestes, etwas zum Anfassen, etwas Greifbares.
Sachwerte sind nicht willkürlich zerstörbar.
Ein Sachwert verliert durch eine Inflation selten. Der „Wert der Sache“ bleibt der gleiche. Ja, auch bei einem Sachwert kann der Wert steigen

oder fallen, je nachdem in welche Richtung sich der Gesamtmarkt, ein Teilmarkt oder die Wirtschaft insgesamt bewegen, aber er kann nie vollständig vernichtet werden. Und: ein Markt oder die Wirtschaft kann sich wieder erholen.

Kurz gesagt sind aus diesem Grund die intelligentesten Investitionen Immobilien und Aktien, auch Gold kann man gelten lassen oder Silber. Immer handelt es sich hierbei um einen Sachwert.

Alle möglichen grafischen Langzeitvergleiche bestätigen die Tatsache, dass Sachwerte die reinen Geldwerte schlagen.

Mit Gold, Aktien und Immobilien liegen Sie fast immer richtig, *sofern* Sie sich auskennen. Ansonsten fallen Sie natürlich auch bei Sachwerten auf die Nase.

Dieses vorliegende Kapitel zeigt Ihnen zunächst die Fallgruben bei Immobilien auf … und umgekehrt das Know-how „wie es trotzdem geht“. Sie müssen zu einem echten, tieferen Verständnis von Häusern und Eigentumswohnungen gelangen, wenn Sie mit Immobilien einen guten Schnitt machen wollen. Wir verraten Ihnen auf den folgenden Seiten kurz gesagt, wie Sie mit Immobilien tatsächlich hoch, ja sehr hoch gewinnen können. Es wird spannend!

DIE WAHRHEIT ÜBER IMMOBILIEN

Nun müssen wir Ihrer Vorfreude zunächst einen kleinen Dämpfer versetzen. Wir schätzen, dass rund 90% aller Zeitgenossen Immobilien … falsch einkaufen. Die meisten Zeitgenossen *verlieren* mit Immobilien Geld, sie gewinnen nicht. Sie werden über den Tisch gezogen. Sie werden belogen und betrogen, dass die Schwarte kracht, wie der Volksmund so schön sagt.

Warum ist das so?

Die Antwort ist sehr einfach: Diese 90% „Looser“ haben sich nie intensiv mit der Anlageform der Immobilie beschäftigt. Sie wissen lediglich, dass Immobilien grundsätzlich eine gute, gediegene Anlage darstellen, weil sie Sachwerte repräsentieren. Aber das ist beileibe nicht genug.

Immobilien-Looser geraten hoffnungslos ins Hintertreffen, wenn sie einem ausgekochten Immobilienmakler, einem Bauunternehmer oder einem Immobilienverkäufer begegnen.

Der Grund liegt auf der Hand: Echte Profis, eben Immobilienmakler, Bauunternehmer und Immobilienverkäufer, verfügen über einen gewalti-

gen Know-how-Vorsprung. Und also machen diese Profis mit Immobilien glänzende Geschäfte. Der Newcomer, das Greenhorn dagegen kennt sich nicht aus. Und so verliert der Einsteiger fast immer und ärgert sich grasgrün am Schluss. Er bezahlt seine Unkenntnis oft mit Hunderttausenden von Euros, die er verliert oder nicht verdient.
Manchmal schuftet er ein ganzes Leben lang, um eine einzige Immobilie abzubezahlen, die er überteuert eingekauft hat.
Er mutiert zu einem Sklaven der Bank, die ihm sein Häuschen finanziert hat.
Die erste Regel im Fall der Immobilie lautet also:
Sie müssen beschließen, die Immobilie als Anlage-Objekt zu verstehen. Sie müssen wissen, was gute und was schlechte Immobilien-Geschäfte sind.
Es führt kein Weg daran vorbei, *persönlich* Urteilskraft zu entwickeln, wenn es um Immobilien geht. Sie müssen gefeit sein gegen vollmundige Immobilien-Makler-Slogans. Teil Ihres Jobs ist es, aktiv Immobilien-Literatur zu studieren. In der Folge müssen Sie sich einmal ein paar Dutzend oder ein paar Hundert Immobilien *persönlich* anschauen und sie einschätzen lernen. Hieran führt kein Weg vorbei...sofern Sie mit Immobilien wirklich gute oder ausgezeichnete Geschäfte tätigen wollen.
Gehen Sie genau so vor, werden Sie hoch gewinnen.
Wenn Sie jedoch nicht persönlich über Immobilien urteilen können, sind Sie immer auf Gedeih und Verderb dem „Immobilien-Experte" ausgeliefert. Dieser wird jedoch selten oder nie *Ihren* Vorteil im Auge behalten. Er wird immer nur an seinen *eigenen* Vorteil denken, denn so ist das Menschengeschlecht nun einmal beschaffen. Er wird seine eigene Geldbörse im Auge behalten und überlegen, wie er an Ihnen verdienen kann. Also wird er Sie in der Folge mit einigen halbrichtigen Informationen vollstopfen, die Sie als Laie nie überprüfen können. Und da Sie ihm glauben – schließlich ist er „der Experte" – sind Sie von Anfang an verraten und verkauft.
So einfach ist die Wahrheit.
Wenn Sie sich jedoch persönlich auskennen, wird man Ihnen kein Märchen auftischen können. Sie werden eine Behauptung sofort t als „falsch" oder „halbrichtig" oder „richtig" einstufen können. Niemand vermag Ihnen mehr eine Frikadelle ans Knie zu binden.
Sie müssen also in den Grad eines Meisters aufsteigen, was Immobilien angeht.

Sie müssen den schwarzen Gürtel besitzen in Bezug auf Häuser und Eigentumswohnungen. Nur auf diese Art fahren Sie hohe Gewinne ein. Ansonsten gehören Sie immer und ausnahmslos zu den Verlierern, auch im Fall der Immobilie, dem Sachwert also.
Die folgenden Seiten werden Ihnen jedoch einen fantastischen Know-how-Vorsprung verschaffen, was die Immobilien-Anlage geht. Wir werden Ihnen einen „festen Punkt im All" geben, von dem aus sie Immobilien auf einmal sofort verstehen können.
Danach müssen Sie die Augen aufmachen und die vorgestellten Informationen anwenden. Sobald Sie aber erst einmal wissen, was eine kluge Immobilie-Anlage ist, werden Sie in der Lage sein, Geld, ja sehr viel Geld, mit Immobilien zu verdienen.

LÜGEN ÜBER IMMOBILIEN

Es ist schon richtig: Der Slogan: Sachwert schlägt Geldwert ist korrekt. Aber wenn Sie einen Sachwert zu teuer einkaufen, ist der Slogan natürlich falsch. Das ganze Immobilien-Spiel und die Möglichkeit, hier zu gewinnen, dreht sich um eine einzige Frage, die Sie richtig beantworten müssen: Wissen Sie, wie Sie Immobilien preiswert einkaufen?
Im Einkauf liegt der Segen, heißt das Sprichwort.
Aber was ist „preiswert"? „Preiswert" im Verhältnis … wozu?
Dazu gleich mehr.
Zunächst so viel: Grundsätzlich sollten Sie allen Immobilien-Verkäufern, Immobilien-Maklern, Journalisten, die über Immobilien berichten, Immobilien-Initiatoren (Bauträgern und Bauunternehmern), allen Steuerberatern, allen Bankern, allen Bausparkassen-Vertretern und allen Architekten misstrauen, wenn es um Immobilien geht.
Die Vertreter eben dieser Berufe suchen Ihnen normalerweise nur eine x-beliebige Immobilie aufs Auge zu drücken. Sie rechnen damit, dass Sie sich nicht wirklich auskennen. Die meisten Vertreter dieser Berufe – Ausnahmen seien zugestanden – wollen Sie ausnehmen wie eine Weihnachtsgans. Und also werden Sie zunächst einmal mit falschen Informationen gefüttert. Zum Beispiel wird Ihnen dies erzählt: „Es gibt nur drei Dinge, die wichtig sind bei einer Immobilie: 1. der Standort, 2. der Standort und 3. der Standort." Nun, dieser Witz hört sich hübsch an, aber die Information ist natürlich falsch. Wenn Sie an einem exzellenten Standort eine Immobilie für 2 Millionen Euro einkaufen, die eigentlich nur 1 Million Euro wert ist,

haben Sie das schlechteste Geschäft Ihres Lebens gemacht. Ein anderer „Immobilien-Experte“ wird Ihnen vielleicht dies weißzumachen versuchen: „Wenn Sie dieses malerische Haus am See xy kaufen, sparen Sie im Laufe der Jahre über 100.000 Euro Steuern. Holen Sie sich das Geld ganz legal vom Staat zurück, der uns alle aussaugt wie ein Vampir.“

Nun, Steuerersparnisse sind eine wunderbare Angelegenheit. Aber wenn das malerische Haus am See xy objektiv 2 Millionen Euro wert ist, Sie legen dafür aber 2,5 Millionen auf den Tisch des Hauses, sind Sie ebenfalls der Dumme.

Man hat Sie mit Ihrem Zorn auf die verrückt hohen Steuern geködert. Ja, Sie holen sich 100.000 Euro zurück, aber Sie haben immer noch 400.000 Euro zu viel gezahlt.

Immobilien-Verkäufer, müssen Sie wissen, sind ausgekochte Bürschlein. Sie haben üblicherweise die besten und teuersten Verkaufs-Seminare der Welt absolviert, wo man ihnen beigebracht hat, wie man einen potentiellen Käufer ködert. Man erzählt dem Interessenten, dem künftigen Käufer, etwas von einer fantastisch guten Steuerersparnis, man erklärt ihm den Unterschied zwischen Sachwert und Geldwert, spricht über die „sichere Rente“ im Alter, die mit Immobilien angeblich zu erwirtschaften ist und man schwafelt ein wenig über den exzellenten Standort. Daraufhin beißt der Kunde an. Wenn man nun zusätzlich noch die genauen Wünsche des potentiellen Kunden in Erfahrung bringt, die völlig unterschiedlicher Natur sein mögen, hängt der Fisch endgültig an der Angel.

Vielleicht wünscht der Kunde nur ein sicheres Heim für seine neugegründete Familie. Möglicherweise legt er Wert auf eine ruhige Wohngegend. Oder sein Traum war es schon immer, eine Immobilie mit einem kleinen Garten zu besitzen, in dem ein Kirschbaum wächst. Der Immobilien-Verkäufer, geschult wie er ist, wird diese individuellen Wünsche aus dem potentiellen Kunden, aus Ihnen also, herauskitzeln. Daraufhin wird er Ihnen ein entsprechendes Objekt offerieren. Er wird Sie persönlich durch die Immobilie führen, er wird Ihnen besonders die hübschen Ecken und Räume zeigen und darauf hinarbeiten, dass Sie im Geiste bereits die Möbel, die Sie besitzen, in der Immobilie platzieren. (Eine Verkaufs-Technik!)

„Wo würden Sie Ihren Schreibtisch hinstellen, werter Herr …?“

„Dieser Raum könnte als Wohnzimmer dienen. Jener als Kinderzimmer. Wo würden Sie Ihren TV-Breitband-Bildschirm platzieren? Wo die Kindergrippe, liebe Frau …?

Er wird also unerhört raffiniert mit Ihrer Fantasie und Ihren Bedürfnissen und Wünschen arbeiten und den Wünschen Ihrer Frau. Der Verkäufer wird diese gewissermaßen gegen Sie selbst einsetzen und ausspielen. Er wird weiter darauf verweisen, dass er, der Immobilien-Experte, noch drei andere Kauf-Interessenten habe und Sie sich deshalb rasch entscheiden sollten, denn sonst könne er für nichts garantieren. Es könnte sein, dass Ihnen die Immobilie vielleicht im letzten Augenblick vor der Nase weggeschnappt werden wird, was schade wäre ...
Sie verstehen?
Und also kaufen Sie schließlich, Sie lassen sich zum Notar schleppen, schließen mit Ihrer Bank überdies noch einen unvorteilhaften Darlehensvertrag ab und sind für den Rest Ihres Lebens an diese Immobilie gefesselt, die Sie völlig überteuert eingekauft haben.
Der unvorteilhafte Darlehensvertrag verursacht, dass Sie zudem schlussendlich das Zweifache oder Dreifache der Summe zahlen, für die Ihnen die Immobilie verscherbelt wurde, denn der Zinseszins, der gegen Sie arbeitet und dessen Infamie Sie bereits kennen, macht das möglich.
Und so verfügen Sie zu guter Letzt über eine Immobilie, die objektiv vielleicht 300.000 € wert ist, aber Sie haben Sie für 500.000 € gekauft. Aufgrund des unvorteilhaften Darlehensvertrages verlieren Sie noch einmal 500.000 € zum Beispiel. Fazit: 700.000 € Verlust. Sie haben eine knappe Dreiviertelmillion € zum Schornstein hinausgeblasen. Für den Rest Ihres Lebens sind Sie zudem an ein paar Steine gefesselt, lies Ihre Immobilie, weiter an einen Job, den Sie keinesfalls verlieren dürfen, denn sonst können Sie die Bankraten nicht entrichten. Sie befinden sich in einem hübschen Gefängnis, das Sie jedoch selbst geschaffen haben. Sie dürfen Ihr Gefängnis freundlicherweise jedoch immerhin selbst einrichten ...

NOCH EINMAL: DIE WAHRHEIT ÜBER IMMOBILIEN

Wir kennen zahlreiche Zeitgenossen, hoch intelligente Zeitgenossen nebenbei bemerkt, die genau so und nicht anders über den Tisch gezogen wurden. Noch einmal: Wir schätzen, dass rund 90% aller Immobilien unvorteilhaft eingekauft werden. Und also ist der Spruch: Sachwert schlägt Geldwert in 90% ein dummer Spruch, er ist in der Mehrzahl der Fälle unwahr.
Er ist nur dann wahr, wenn Sie außerordentlich klug, lies preiswert, eine Immobilie einkaufen.

Aber noch einmal: Was ist „preiswert“?
Theoretisch können Sie die „objektiven“ Preise für eine Immobilie durch Vergleich herausfinden. Sie erkundigen sich einfach, was die Immobilien in der Nachbarschaft wert sind. Sie bringen in Erfahrung, wie viel in der jüngsten Vergangenheit für diese oder jene Immobilie gezahlt wurde, die mit Ihrer Immobilie, die Sie ins Auge gefasst haben, vergleichbar ist. Bei den Bauämtern einer Stadt oder bei Immobilienmakler-Verbänden lassen sich zahlreiche Informationen einholen, weiter inzwischen durch das Internet.
Aber es gibt eine Methode, die weitaus klüger ist.
Wenn Sie sie jedoch anwenden wollen, müssen Sie wie ein Investor denken lernen.

DER FESTE PUNKT IM ALL
Wie denkt ein erfahrener Investor? Nun, er beurteilt alles von der *Rendite* her.
Im Klartext: Wie viele Zinsen erhält er auf sein eingesetztes Kapital? Das ist sein einziges Kriterium.
Erhält er magere 3%, wird er den Kopf schütteln und sich nicht in einem Investment engagieren. Er wird sarkastisch lächeln und dieses Investment Zeitgenossen überlassen, die sich nicht auskennen.
Bei 7% Rendite wird er langsam anfangen, nachzudenken, aber er wird noch nicht wirklich begeistert sein.
Bei 8, 9 und 10% wird er jedoch plötzlich hellwach. Er rechnet sich aus, dass sich sein eingesetztes Kapitel satt vermehren wird. Er wird eine Zinseszins-Rechnung aufmachen. Und bei 12% Rendite wird er schier aus dem Häuschen geraten vor Freude.
Die Rendite ist also der feste Punkt im All, den Sie im Auge behalten müssen.
Was jedoch ist die Rendite bei einer Immobilie?
Nun, es ist natürlich die *Miete*, die Sie mit einer Immobilie erzielen können.
Die *Rendite*, sprich der Zinsgewinn, heißt im Falle der Immobilie *Miete*.
Das heißt, wenn eine Immobilie 100.000 € zum Beispiel kostet, Sie mit der Immobilie aber 800 € Miete pro Monat erwirtschaften können (= 9.600 € im Jahr), verfügen Sie fast über einen „Zehnprozenter“, wie das der Fachmann nennt. Rechnen Sie es selbst aus.

Erhalten Sie nur 400 € Miete pro Monat, handelt es sich um 4.800 € Mieteinahmen im Jahr, was lediglich ein knapper „Fünfprozenter" wäre, wenn man 100.000 € Investment zugrunde legt.
Der erfahrene Immobilien-Investor wird also versuchen, nur jene Immobilien zu kaufen, die ihm einen satten Zinsgewinn (= Miete) versprechen, idealerweise 8,9 oder 10%.
Er wird also eine Immobilie nicht danach beurteilen, ob sie hübsch ist, ob sie gegenüber dem Bundeskanzleramt liegt oder ob sie einen Garten plus Kirschbaum besitzt. Er wird nur allein nach dem Mietzins, den er erwirtschaften kann, Ausschau halten. Er wird einen ganz anderen Gesichtspunkt einnehmen, einen professionellen Gesichtspunkt, einen Rendite-Gesichtspunkt.
Sie dürfen also nicht von *sich* ausgehen, von Ihrem Geschmack und Ihren Wünschen. Sie dürfen nur die erzielbare Mietrendite im Auge behalten. Wenn Sie wirklich verstanden haben, dass die erzielbare Mietrendite der springende Punkt ist, haben Sie im Prinzip „die Immobilie" als Anlage-Objekt begriffen. Sie haben verstanden, wie Füchse denken.

DER NEUE BLICKWINKEL
Zahlreiche Immobilien fallen sofort durch das Raster, wenn Sie nur nach einem Neunprozenter oder Zehnprozenter Ausschau halten. Sie befinden sich plötzlich also in einer höchst komfortablen Situation: Rund 95% aller existierenden Immobilien sind auf einmal für Sie nicht mehr interessant. Wenn dies so ist: Bravo! Sie haben gelernt, wie ein Investor zu denken. Betrachten wir einige Beispiele, aber verzeihen Sie uns, wenn wir dabei absichtlich Exempel aus der etwas weiter zurückliegenden Vergangenheit nutzen:
Der Käufer M. erwarb im Jahr 1980 ein klassisches so genanntes *Bauherrenmodell*, sprich eine Eigentumswohnung, mit der man angeblich ordentlich Steuern sparen konnte. Es lag Düsseldorf, verfügte über 80 qm und kostete 300.000 Mark. Die Bauqualität war gut. Die Mikrolage innerhalb von Düsseldorf konnte ebenfalls als gut bezeichnet werden. Nach 15 Jahren versuchte M. seine Eigentumswohnung wieder zu veräußern. Wie viel erhielt er? Der Insider, der mit dem Markt etwas vertraut ist, wird es längst erraten haben: Er erhielt wiederum 300.000 Mark. Er hatte also, wenn Sie so wollen, keinen einzigen Pfennig oder Cent verdient. Auf der einen Seite standen zwar einige Steuervorteile und geringe Mietein-

nahmen, auf der anderen Seite hatte er aber die Immobilie voll finanziert und satte Zinsen berappen müssen. Wir wollen die Steuervorteile und die Mieteinnahmen an dieser Stelle nicht gegenrechnen mit den Zinsen, sondern wollen nur so viel festhalten: Genauso kauft man eben nicht ein.

Eine weitere wahre Story, die des Käufers C. Hierbei handelt es sich um eine cleverere Dame, die im Jahre 1980 in München an einem guten Standort eine Immobilie für 5.000 DM pro qm eingekauft hatte. Sie legte für die kleine Eigentumswohnung mit 40 qm 200.000 Mark auf den Tisch des Hauses. Die Mieteinnahmen waren ordentlich.

Was passierte? Nun, 1995, 15 Jahre später verkaufte diese Dame ihre Eigentumswohnung wieder. Aber für 6.000 DM pro qm. Mit anderen Worten, die Dame hatte 40.000 DM verdient. Gleichzeitig hatte sie einige Steuervorteile und eine hübsche Miete eingestrichen, und sie hatte das Geld beim Kauf ehemals bar auf den Tisch des Hauses gelegt, es waren also keine Schuldzinsen angefallen.

Dadurch hatte sie zusätzlich 40.000 DM eingesackt.

Nun könnte man mit Fug und Recht einwenden, dass diese beiden Fälle nicht im Entferntesten miteinander zu vergleichen sind. Und so viel ist richtig, man darf Äpfel nicht mit Birnen vergleichen, was Immobilien anbelangt. Jede Immobilie ist in ihrer Art einzigartig.

Trotzdem brauchen wir wohl kaum betonen, wer hier intelligent eingekauft hatte und wer nicht.

Man könnte diese Beispiele beliebig fortsetzen. So kennen wir etwa den (ebenfalls authentischen) Fall des Investors F., der eine Immobilie 1990 in Köln erwarb, ebenfalls eine Eigentumswohnung, für 1.000 DM/qm. Es handelte sich um eine 80-qm-Wohnung in einer mittelmäßigen Lage. Die Mieteinnahmen waren sehr gut. Was passierte? Zwei Jahre später konnte er sie für sage und schreibe 2.000 DM/qm weiterverkaufen. Dieser Zeitgenosse hatte also eine Immobilie preiswert eingekauft. Und (80 x 1.000 DM = 80.000 DM) einen satten Gewinn in nur zwei Jahren erzielt.

Ein weiterer wahrer Fall: Herr H. marschierte nach der Maueröffnung im Jahre 1992 nach Leipzig. Dort kaufte er für ein Spottgeld preiswert Immobilien ein, unterteilte diese in Eigentumswohnungen und ließ sie durch einen Vertrieb im Westen an Geldanleger im Westen weiterverscherbeln. Der Bursche avancierte zum vielfachen Millionär. Danach brach er seine Zelte in Leipzig ab, da sich hier die Preise eingependelt hatten und er eben nicht mehr diese Riesengewinne machen konnte. Er liebäugelt im Moment mit Polen. Durch preiswerten Einkauf erwirtschaftete H. buchstäblich Millionen, indem er in guten Lagen Leipzigs ganz zu Anfang der „Wiedervereinigung", mit Bargeld gut ausgerüstet, einkaufte, buchstäblich alles, was nicht niet- und nagelfest war. Seine Erfolgsformel: Möglichst früh an einem Ort zu sein, an dem die Immobilienpreise niedrig sind, die Wirtschaftsaussichten aber gut, und darüber hinaus Immobilien einzukaufen, die unansehnlich sind. In der Folge ließ er sie herrichten, setzte gut zahlende Mieter in die Wohnungen und verhökerte sie weiter.

Zugegeben: Im Falle des letzten Beispiels tummeln wir uns bereits im Ring der Professionals. Aber man könnte auch viele andere Exempel benennen, wo auf „ganz normale Art" beträchtliche Gewinne erwirtschaftet wurden, bedingt lediglich durch dieses Quäntchen Intelligenz, Immobilien preiswerter einzukaufen als Otto Normalbürger. Noch einmal: Wenn Sie die Mieteinnahmen in den Mittelpunkt Ihrer Betrachtung stellen, liegen Sie richtig.

Natürlich definiert sich der Wert einer Immobilie aufgrund vieler Faktoren. So unterscheiden Experten scharf zwischen guten, mittleren und schlechten Lagen. Sie unterscheiden weiter zwischen guten und schlechten Mikro- und Makrostandorten.

Kurz gesagt ist die Chance, dass an guten Standorten der Wert einer Immobilie steigt, höher als an schlechten Standorten, speziell wenn die Wirtschaft gerade anzieht. Ferner spielen die Bauqualität der Immobilie und die Ausstattung eine Rolle. Steuervorteile gilt es zu diskutieren, wenn sie auch beileibe nicht der ausschlaggebende Punkt sein sollten. Aber immer sollten Sie als erstes die *Mietrendite* in den Mittelpunkt Ihrer Betrachtung rücken.

Von diesem Punkt aus können Sie praktisch jede Immobilie in Sekundenschnelle bewerten und die Frage beantworten, ob sie „billig" ist und ob das Preis-Leistungsverhältnis stimmt.

Das gesamte Leben eines jeden Kaufmanns, sofern es von Erfolg gekrönt ist, könnte auf diesen simplen Nenner gebracht werden: Billig einkaufen und teuer verkaufen.

Also: Je billiger Sie einkaufen, umso höher ist Ihr Gewinn.

Was bedeutet das für Sie? Wenn Sie eine vernünftige Immobilie sehr preiswert einkaufen können, sollten Sie zuschlagen. Ansonsten nicht.

VIER KATEGORIEN

Man könnte hinsichtlich Immobilien vier Kategorien definieren:

(1) Man bietet Ihnen etwas überteuert an (ca. 30% des Marktes).

(2) Man bietet Ihnen etwas zu einem normalen Preis an (ca. 50% des Marktes).

(3) Man bietet Ihnen etwas Gutes an (ca. 15% des Marktes).

(4) Man bietet Ihnen eine sehr preiswerte Immobilie an (ca. 5% des Marktes).

Die Richtlinie sollte also lauten: Kaufen Sie einfach nicht in den Kategorien (1) bis (3).

Das heißt: Kaufen Sie nur weit unter dem üblichen Marktpreis liegende Immobilien-Schnäppchen.

Kaufen Sie nur in Kategorie (4).

Und schon zählen Sie zu den Gewinnern.

Selbst im oberen Segment, in Kategorie (4), ist das Angebot groß genug. Sie müssen nur intelligent genug sein, sich nicht von 101 Angeboten irritieren zu lassen, die Ihnen rechts und links ins Haus flattern. Wiederholen wir:

Sehr wenige Zeitgenossen erwerben wirklich klug (das heißt preiswert) Immobilien, unserer Einschätzung bestenfalls 5% aller Käufer von Haus- und Eigentumswohnungen.

EIN BEISPIEL ZUM NACHAHMEN

Zitieren wir erneut ein authentisches Beispiel.

Hierbei handelte es sich um den Fall des Immobilien-Käufers X, der in K. eine Eigentumswohnung für 80.000 € einkaufte. Die Eigentumswohnung befand sich in einem ausnehmend schlechten Zustand. Die Außenwände des gesamten Hauses, in dem diese Eigentumswohnung lag, waren verschmutzt und unansehnlich. ABER: die Wohnung besaß 80 qm. Nun rechnen Sie sich einmal aus, was es bedeutet, für 80 Quadratmeter 80.000 Euro hinzulegen! Kurz gesagt handelte es sich hierbei um ein Schnäppchen.

In der Folge ging nun der Käufer daran, mit Eigenmitteln diese Wohnung neu herzurichten. Es wurde alles, aber auch wirklich alles getan, um aus dieser Wohnung eine Perle zu zaubern. Es wurden neue Decken eingesetzt. Der gesamte Fußboden wurde herausgerissen. Es wurden Fliesen gelegt und die Wände neu gestrichen. Die Fenster waren in gutem Zustand und mussten nicht erneuert werden. Aber eine neue Tür war notwendig, unter anderem. Da nun unser Einkäufer X handwerklich begabt war und auch noch intelligent eingekauft hatte, kam er mit erstaunlich wenig Geld davon: Insgesamt investierte er lediglich 20.000 Euro und besaß schlussendlich eine schnieke Eigentumswohnung für 100.000 Euro in einer guten Lage.

Um diesen konkreten Fall weiter zu illustrieren: Die Außenfassade des gesamten Hauses wurde in der Folge gestrichen. Außerdem hatte X im Vorfeld in Erfahrung gebracht, dass die angrenzenden Häuser, die ebenfalls nicht besonders ansehnlich waren, kurz vor der Renovierung standen. Mit anderen Worten, das gesamte unmittelbare Umfeld des Hauses entstand gewissermaßen neu. All das musste er nicht aus seiner Tasche bezahlen. Er wusste also, dass in dieser Gegend „die Post abgehen würde“, was indirekt auch ihm zu Gute kam.

Schreiben wir die Story fort: Für 100.000 € besaß X zu guter Letzt eine Eigentumswohnung in guter Lage, mit 80 Quadratmetern.

Betrachtet man die Summe im Nachhinein, so kann man nur staunen. Aber wir versprechen Ihnen, hätten Sie diese Wohnung vorher gesehen, Sie wären rückwärts wieder herausgefallen. Das heißt, dieser Zeitgenosse war einfach gescheit genug, zu sehen, was man aus einer Wohnung zaubern konnte. Er hatte nicht nur den Ist-Zustand wahrgenommen, sondern er hatte seine *Fantasie* eingesetzt. Mit anderen Worten, X war intelligent genug, sich vorzustellen, was man aus dieser Wohnung machen konnte.

Wie ging es weiter? X vermochte diese Wohnung für 1.000 Euro im Monat zu vermieten. Sie können nun vielleicht schon erraten, worauf wir hinauswollen. In der Folge verfügte unser Herr X also über 12.000 € Mieteinnahmen pro Jahr. Umgekehrt hatte er jedoch 100.000 Euro auf den Tisch des Hauses geblättert. Nun hatte er einen Teil über die Bank finanziert – und bar 20.000 € hingelegt. Das heißt, für 80.000 € musste X Zinsen bezahlen. 6% Zinsen hatte X dafür an die Bank zu entrichten – das sind jährlich 4.800 Euro. Auf der anderen Seite erhielt X aber 12.000 €. Es verblieb ihm also ein Plus von 7.200 Euro in der Kasse ...

Vergeben Sie uns, wenn wir auf die Einzelheiten des Immobilien-Einkaufs sowie auf die Nebenkosten in diesem Zusammenhang nicht aufmerksam machen. Sträflich vernachlässigt haben wir beispielsweise, genau auseinanderzudividieren, wie hoch die Notarkosten waren. Die Grunderwerbssteuer. Die Vermietungs-/Verwaltungskosten. Aber an dieser Stelle

wollen wir das Thema nicht unnötig verkomplizieren. Wir wollen Ihnen lediglich eine Information förmlich einhämmern, die Sie wirklich von Grund auf verstanden haben müssen:
Preiswert einkaufen heißt, hohe Mieten einzunehmen im Verhältnis zum Kaufpreis.
Wenn Sie vernünftige Mieteinnahmen haben, vernünftig im Verhältnis zu den Zinsen, die Sie für Ihr Darlehen berappen müssen, kann nur wenig anbrennen.

DAS IMMOBILIEN-SCHNÄPPCHEN
Die Gretchenfrage lautet natürlich: Wo und wie komme ich an preiswerte Immobilien? Wo finde ich ein Immobilien-Schnäppchen?
Das ist die „Hunderttausend-Dollar"-Frage.
Nun, hier ein paar Tipps. Grundsätzlich gibt es zahlreiche Quellen. Am interessantesten sind zweifellos Zwangsversteigerungen. Hierzu gibt es ein sehr präzises Know-how, das Sie in diesem Buch finden:
Wie Sie tatsächlich mit Immobilien ein Vermögen aufbauen. Autor: Ha. A. Mehler.
Möglicherweise kommen Sie jedoch auch über den „ganz normalen Immobilien-Makler" an preiswerte Immobilien heran – sofern Sie ihm signalisieren, was Sie genau suchen (= die hohe Mietrendite im Verhältnis zum Einkaufspreis), und sofern er erkennt, dass Sie mit allen Wassern gewaschen sind. Auch der „Teilungsprofi" kann eine interessante Konnexion darstellen, denn ihm ist daran gelegen, seine Eigentumswohnungen möglichst rasch zu verscherbeln, ansonsten gerät *er* in die Zinseszinsfalle der Banken.
Das „Teilungsgeschäft"? Hierbei wird ein mehrgeschossiges Haus in verschiedene Eigentumswohnungen unterteilt, die in der Folge getrennt verscherbelt werden. Satte Gewinnspannen winken dabei.
Tatsächlich gibt es Einkaufsmöglichkeiten zuhauf. Sie brauchen lediglich regelmäßig den Immobilienteil verschiedener Zeitungen zu studieren; selbst hier finden Sie Schnäppchen.
Lediglich auf einige Fallgruben müssen Sie achten wie ein Luchs.

IMMOBILIEN-DARLEHEN
Eine erste prominente Fallgrube bei Immobilien besteht darin, sich von der eigenen Gier leiten zu lassen und ohne Bargeld Immobilien zu er-

werben oder mit zu wenig Cash in der Tasche. Dadurch werden Sie von Banken abhängig.
Das heißt, wir raten dazu, zunächst Geld anzusparen, so dass Sie eine Immobilie nicht zu 80% oder gar 100% gar finanzieren müssen. Absolut ideal ist es, wenn Sie über 50.000 € zum Beispiel verfügen und eine Immobilie kaufen, die 100.000 € kostet (und ein Zehnprozenter zusätzlich ist).
In diesem Fall müssen Sie nur 50.000 € pumpen. Vergessen Sie jedoch nie, dass Sie auch hierbei in die Zinseszinsfalle geraten. Regelmäßig, Monat für Monat, müssen Sie nun für diese 50.000 € Zinsen an die Bank abdrücken.
Liegen jedoch Ihre Mieteinnahmen höher als eben diese Zinsen, befinden Sie sich am sicheren Ufer.
Operieren Sie bei Immobilien-Käufen immer nach dem Grundsatz, dass Ihr Cash-Flow nicht durch den Erwerb eines Hauses oder einer Eigentumswohnung leidet.
Sie sollten also nach einem Kauf nie weniger Geld pro Monat zur Verfügung haben als zuvor. Es gilt der alte Erfolgsgrundsatz: Cash ist König.

DIE STEUERFALLE
Kommen wir noch einmal auf die mögliche Steuerersparnis zu sprechen.
Wenn man beispielsweise in den Neunziger Jahren in den neuen deutschen Bundesländern die Steuerersparnis mit einrechnete – praktisch geschenktes Geld vom Finanzminister, man sprach nicht umsonst von einem Jahrhundertgeschenk – so schauten Rechnungen manchmal fantastisch aus. Aber diese Steuervergünstigungen gab es nur über einen gewissen Zeitraum. Danach musste sich die Immobilie in sich selbst rechnen. Ab einem bestimmten Zeitpunkt ist jede Immobile also schonungslos auf die tatsächliche Mietrendite angewiesen. Dennoch kann der Steuervorteil natürlich mithelfen, anfänglich eine Immobilie zu finanzieren. Man darf jedoch nicht so blauäugig sein und Steuervorteile als gottgegeben ansehen. Man muss kurz- und langfristige Rechnungen aufmachen. Man muss auch über den Tellerrand hinausschauen, sprich, man muss über 10 Jahrc hinaus denken.
Also noch einmal, wir können es nicht oft genug sagen: die Immobilie muss sich in sich selbst gut rechnen, sprich auch ohne Steuervorteil. Die wirklich hohe Schule besteht darin, den Steuervorteil zunächst völlig außen vor zu lassen. Er mag am Schluss das Sahnehäubchen darstel-

len. Aber grundsätzlich ist man gut beraten, eine Immobilie auch ohne Steuervorteile zunächst einmal durchzurechnen. Diese Vorgehensweise ist allein deshalb richtig, weil es momentan in Deutschland, aber auch in anderen Ländern, drunter und drüber geht. Nahezu jeden Monat kommt ein neuer Plan auf, wie angeblich die Steuern in Zukunft aussehen sollten, auch in Frankreich etwa und in den USA. Einige Parteien versuchen, Steuererhöhungen möglichst abzublocken, andere wieder sehen das Heil in hohen Steuern. Um es kurz zu machen: Was steuerlich in Zukunft auf uns zukommt, kann niemand korrekt voraussagen. Momentan ist das Tohuwabohu so groß, dass man tatsächlich allenfalls nur ein einziges Jahr mit seinen Bestimmungen im Auge behalten darf; denn jedes Jahr können sich theoretisch und praktisch die Regeln, sprich die Steuergesetze und Bestimmungen, ändern – in aller Herren Länder.

Die Steuerfalle bei Immobilien besteht also darin, dass sich Steuer-Gesetze schlagartig ändern können. Wenn Sie heute 10.000 € zum Beispiel durch den Erwerb einer Immobilie absetzen können, so mag das morgen schon nicht mehr der Fall sein. Machtverhältnisse können sich schnell ändern, heute mag diese und morgen jene Partei am Ruder sein. Es ist deshalb unklug, *nur* aufgrund von Steuervorteilen eine Immobilie zu erwerben. Noch einmal: Eine Immobilie muss sich „in sich selbst“ rechnen, auch ohne Vater Staat.

Kalkulieren Sie also stets mit Rechnungen, da der Steuervorteil völlig außen vor gelassen wird.

Der Lehrsatz lautet:

Der Steuervorteil sollte die Sahne auf der Torte sein und das Tüpfelchen auf dem „i“. Zunächst und vor allem muss sich eine Immobilie „in sich selbst“ rechnen.

Das gleiche gilt für Zuschüsse: Zuschüsse für Immobilien können manchmal ersatzlos gestrichen werden. Vertrauen Sie nie Politikern oder der Politik Ihr finanzielles Schicksal an.

DIE KONJUNKTUR-FALLE

Auch die Konjunktur ist in Rechnung zu stellen.

Worum handelt es sich hierbei?

Unter der *Konjunktur* versteht man die Wirtschaftslage eines Staates, der sich immer in unterschiedlichen wirtschaftlichen Zuständen/Phasen befindet. Man unterscheidet vier Konjunktur-Phasen:

Die Aufschwungphase (Expansion),
die Hochkonjunktur (Boom),
die Abschwungphase (Rezession) und die
Tiefphase (Depression).

Gemessen werden diese vier unterschiedlichen Phasen anhand verschiedener Indikatoren. Dazu gehören unter anderem die Menge der Gesamt-Produktion der Waren eines Staates, die Menge der verkauften Waren (Nachfrage), die Arbeitslosigkeit, die Entwicklung der Aktienmärkte, die Entwicklung der Preise, der Löhne, der Inflationsrate und der Zinsen sowie der Stimmung im Lande, die wiederum unter anderem auf die Investitionsfreudigkeit einen Einfluss ausübt.

In einer *Aufschwungphase* existieren zum Beispiel gewöhnlich nur geringe Preissteigerungen, geringe Inflationsraten, niedrige Zinsen, ein erhöhter Konsum, sinkende Arbeitslosenquoten, Investitionsfreude und Optimismus.

Während eines *Booms* oder einer Hochkonjunktur sind die Kapazitäten der Wirtschaft voll ausgelastet, die Nachfrage brummt, der Optimismus schlägt Purzelbäume, es gibt Vollbeschäftigung, das Lohnniveau steigt, Preise und Zinsen ziehen an, das gesamte Einkommen des Staates erhöht sich, überall wird produziert mit Volldampf.

Tritt eine *Rezession* oder ein Abschwung ein, wächst die Wirtschaft insgesamt nicht weiter, ein Rückgang der Nachfrage ist festzustellen. Die Lager sind überfüllt, Waren sind billig zu haben, die Preise und Löhne sinken, die Börsenkurse fallen.

In einer Depression ist überall nur Pessimismus anzutreffen (lat. *deprimere* = niederdrücken), die Wirtschaft gerät in Not, die Börsenkurse fallen und die Arbeitslosigkeit steigt stark an.

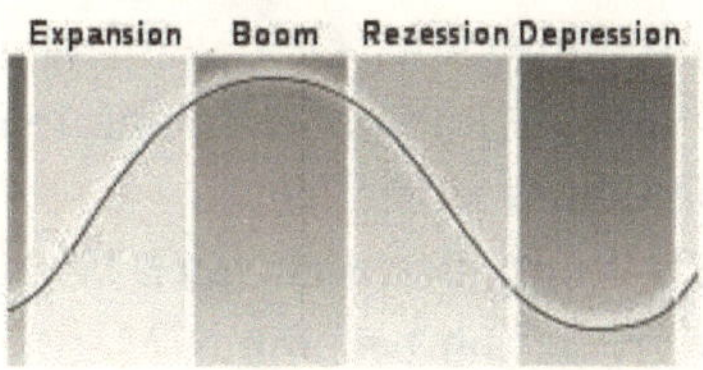

Die vier Phasen der Konjunktur

Die Theorie der *Konjunktur-Zyklen* besagt, dass die vier Phasen regelmäßig einander abwechseln, gleich Wellenbewegungen.

Nun wäre es jedoch ein Fehler, in einer Boom-Phase Immobilien einzukaufen, denn Sie würden wahrscheinlich völlig überhöhte Preise bezahlen. Interessant sind dagegen die Expansions-Phase, die Rezession und die Depression.

Aber der Immobilien-Markt folgt nicht immer der gesamtwirtschaftlichen Konjunktur. Es gilt also, zu beobachten, wann Immobilien generell preiswert eingekauft werden können, was den allgemeinen Markt angeht. Nach dem weltweiten Crash im Jahre 2008, als die Immobilienpreise in den USA in Florida und anderen Staaten nach einem Höhenrausch in den Keller fielen, warteten clevere Investoren einfach ab, bis der absolute Tiefststand erreicht war. Als Immobilien nicht mehr weiter nach unten purzelten, kauften diese Investoren en masse Immobilien ein. Die Einstandspreise waren atemnehmend niedrig.

Umgekehrt hatte der unkluge Investor in der Immobilien-Boom-Phase eingekauft. Er musste erleben, dass seine Immobilie um 50 bis 75% ihres Wertes verlor.

Sie müssen also auch ein wenig gesamtwirtschaftliche Entwicklungen einschätzen können, sowie die Entwicklung auf dem Immobilienmarkt. Im Jahre 2016 gab es viele „Neureiche“ in Florida etwa, die massenhaft Immobilien zu niedrigsten Preisen eingekauft hatten.

Kaufen Sie also sehr einfach Immobilien ein, wenn die Preise im Keller sind oder zumindest niedrig liegen.

Dazu ist es notwendig, Immobilienpreise systematisch zu verfolgen.

Weiter müssen Sie lernen, völlig unabhängig eine Situation einzuschätzen.

NEVER FOLLOW THE CROWD

Folgen Sie niemals der Menge – so lautet ein anderer alter Erfolgsgrundsatz. Wenn „alle“ schreien, wie leicht man mit Immobilien Geld verdienen kann, ergreifen Sie die Flucht. Wenn „alle“ auf die Immobilie schimpfen und sie niederreden, sollten Sie dagegen die Ohren aufstellen.

Sie müssen wissen, dass sowohl Wirtschafts-Journalisten als auch Wirtschafts-Professoren einfach „eingekauft“ werden, um bestimmte Märkte und Investments hochzuloben oder kaputtzuschreiben. Es mag die berühmten Ausnahmen hierzu geben. Journalisten und „Wirtschafts-Experten“ sind im Allgemeinen jedoch bestechlich, unverblümt gesagt. Zurückhaltender ausgedrückt muss man es so formulieren: Sie stehen sie auf

den Gehaltslisten der Wirtschaftsgiganten, die ihnen mehr oder weniger diktieren, was sie sagen oder schreiben sollen.
Die Medien, die Presse, die Wirtschafts-Presse … auch hier wird gelogen, „dass sich die Kirchtürm` von Köln möcht biegen“ … wie das früher so schön ausgedrückt wurde. Niemand besitzt einen schlechteren Ruf als Journalisten. Wenn Sie dem „allgemeinen Trend“ folgen, wie ein Schaf, und also auf „Experten“ oder „Journalisten“ hören, können Sie nur verlieren. Sie müssen das Talent besitzen, gegen den Strom zu schwimmen. Sie müssen Ihren eigenen Verstand gebrauchen.
Die Menge besitzt fast immer den falschen Riecher in puncto Investments, wie Geschichte hinlänglich beweist. Der Grund: Sie lässt sich leicht manipulieren.
Also: **Never follow the crowd!**
Aber kommen wir jetzt wieder zu einigen guten Nachrichten.

ANDERE LUKRATIVE IMMOBILIEN-KONZEPTE
Tatsächlich gibt es noch andere zahlreiche lukrative Immobilien-Geschäfte, die wir im Rahmen dieses Buches nicht alle abhandeln können, aus Platzgründen. Wir schätzen, es gibt rund 100 intelligente Immobilien-Konzepte. Einige Immobilien-Profis konzentrieren sich nur auf kluge Hotel-Standorte. Andere suchen gute Standorte für Imbiss- oder Restaurant-Ketten. Wieder andere konzentrieren sich auf das Teilungsgeschäft. Es gibt Immobilien-Vertriebe, die nichts anderes tun, als nach Immobilien-Initiatoren Ausschau zu halten, die Ihnen 10–35% Gewinn versprechen, wenn sie deren Immobilien verhökern. Das heißt Sie, der normale Immobilien-Käufer, zahlen auf den „eigentlichen“ Preis noch einmal 10–35% zusätzlich, wenn Sie von diesen Vertrieben Häuser oder Eigentumswohnungen kaufen. Es gibt die wildesten Provisions-Gestaltungen im Immobilienvertrieb, von denen Otto Normalverbraucher keine Ahnung hat. Einige Vertriebe und Initiatoren konzentrieren sich auf gut betuchte Zielgruppen, wie Ärzte und Zahnärzte, deren Sprache sie erlernen, um dort möglichst rasch zum Zuge zu kommen. Darüber hinaus gibt es Immobilien-Profis, die aktiv daran arbeiten, dass ein Immobilien-Teilmarkt in einer bestimmten Region zusammenbricht, woraufhin die Preise purzeln und sie für ein Butterbrot die schönsten Immobilien-Filets einkaufen können. Andere pokern auf den Zusammenbruch ganzer Volkswirtschaften, um hier zu Potte zu kommen. Kriege wurden dazu benutzt, um Häu-

ser in bestimmten Regionen niederzubomben, woraufhin der Immobilienschutt in der Folge von Immobilienhaien unglaublich billig eingekauft wurde, die sich immer im Gefolge der Kriegsgewinnler befinden. Rasch wurden daraufhin neue Häuser erstellt, die zu den ursprünglich satten Preisen wieder an den Mann gebracht werden konnten. Unvorstellbare Gewinnspannen waren die Folge.
Ein Krimi, der über die Sünden auf dem Immobilienmarkt berichtet, steht noch aus, bislang hat niemand gewagt, ihn je zu schreiben. In einigen Städten gibt es mafiaähnliche Absprachen zwischen den big playern, was Immobilien angeht. Und es gibt alle möglichen Arten von Immobilien. Es gibt Ferienimmobilien und Einzimmer-Immobilien, es existieren Ein-, Zwei- und Mehrfamilienhäuser, Hochhäuser, Nobelhütten, elende Unterkünfte und 193 Ländern, in denen Tag und Nacht Immobilien verkauft werden, denn so viele von der UN anerkannte Staaten existieren auf Planet Erde. Immobilien sind also eine unendliche Geschichte.

Was bedeutet das für Sie?

Es ist klug, sich anfänglich auf eine Region oder bestenfalls ein Land zu konzentrieren, sowie auf eine bestimmte Sorte von Immobilien, denn Sie können nicht alles recherchieren.

DIE INFORMATIONS-PHASE

Wenn Sie nach all diesen Informationen noch immer daran interessiert sind, hohe Zinsen mit Immobilien zu erwirtschaften, fangen Sie zunächst an, sich einzulesen.
Realisieren Sie, dass Sie am Beginn stehen und dass eine Menge Arbeit, auch intellektuelle Arbeit, notwendig ist, um in diesem Haifisch-Markt zu gewinnen, denn es wird Ihnen mehr als ein Immobilienhai begegnen. Aber immerhin verfügen Sie jetzt über ein grobes Gerüst. Sie wissen, was Sie einkaufen dürfen und was nicht.

Die besten Empfehlungen, die wir aussprechen können, sind diese beiden Bücher: Ha. A. Mehler, Wie Sie tatsächlich mit Immobilien ein Vermögen aufbauen und Torben Käselow, Das wirkliche Geheimnis von Jung-Millionären.

In beiden Büchern finden Sie Tonnen von „Success-Stories“, Sie erfahren, „wie es geht“ und Sie erhalten sogar konkrete Adressen und Verbindungen.
Der erste Schritt ist immer die Information. Gute Bücher jedoch sind die beste Informations-Quelle, sie verschaffen Ihnen einen Wissensvorsprung.

Wissen aber ist Macht.
Dieser Satz gilt auch für das nächste Kapitel, das sich mit den bestverzinsten Fonds befasst.

11. WIE UND WANN INVESTMENTFONDS FUNKTIONIEREN

Wenn Ihnen daran gelegen ist, zunächst auf verhältnismäßige sichere Art und Weise Geld anzusparen, so sollten Sie ein Auge auf *Investmentfonds* werfen.
Worum handelt es sich hierbei?
Fonds bedeutet wörtlich „Grundstock". Man versteht darunter eine Vermögensreserve oder ein Vermögen, das für bestimmte Zwecke gebildet worden ist.
Ohne Übertreibung kann man behaupten, dass es einige Investmentfonds gibt, die viele andere Finanzprodukte um Längen schlagen.
Sogar mit kleinen Raten von nur 50 € oder 100 € pro Monat kann man bei diesem Produkt einsteigen.
Doch wie fing „eigentlich" alles an?

KLEINER HISTORISCHER RÜCKBLICK
Wenn man eine Idee, in unserem Fall die Fondsidee, verstehen will, ist man gut beraten, zunächst einmal die geschichtliche Entwicklung in Augenschein zu nehmen. Die Idee selbst entstand in England und Schottland bereits Mitte des vorigen Jahrhunderts. Dies ist kein Zufall, stand doch England damals in voller wirtschaftlicher Blüte – es war einst das mächtigste Land auf Planet Erde. Die Engländer besaßen zahlreiche Kolonien sowie die größte Flotte und fühlten sich als Herren der Welt. Tatsächlich reichte das ehemalige britische Empire von Südafrika und Fernost bis hin nach Indien. In dieser Zeit floss Geld, Geld und nochmals Geld in die Taschen der Engländer. Und dieses Geld musste schließlich vernünftig angelegt werden. Hierfür kam die Idee der Investmentfonds gerade recht. Vor allem war man daran interessiert, die verdienten Gelder in den Kolonien anzulegen – natürlich mit dem Hintergedanken, schlussendlich sehr viel mehr Geld aus den Kolonien herauszuziehen. Und so erblickten in England und Schottland Investmentfonds das Licht der Welt.
Ein Beispiel ist der noch heute existierende Fonds namens *Foreign & Colonial,* der 1868 gegründet wurde. Einige Experten behaupten, dass es sich hierbei um den ältesten Fonds der Welt handelt, aber das ist nicht ganz korrekt. Betagter ist nämlich der Fonds namens *Société Civil Genevoise de Emploi de Fonds.* Aber wir brauchen trotzdem den Blick nicht

in die Schweiz zu richten, der es wirtschaftlich damals natürlich ebenfalls gut ging – was wohl immer der Nährboden für die Entstehung von Investmentfonds ist.
Bleiben wir in England. Hier erlebte der Fondsgedanke einen unendlichen Aufschwung. Die Engländer, die mit Melone, Witz und ihren Schiffen die Welt regierten, suchten also ihr Vermögen durch Investmentfonds zu mehren. Aber es gab noch keine entsprechenden Fonds-Regelungen. Vermögen wurde nicht gestreut, den alten Investment-Grundsatz: Lege nicht alle Eier in einen Korb,
ignoriert man. Heute würde man die Hände über dem Kopf zusammenschlagen, wenn man bedenkt, mit welch relativ hohem Risiko damals Gelder in einige Fonds investiert wurden.
Als die ersten Fonds pleite machten, hatte man deshalb nichts Eiligeres zu tun, als schrittweise gesetzliche Regelungen einzuführen.
Von England schwappte die Fondsidee über in die USA. Da die Vereinigten Staaten von Amerika spätestens in den 20er Jahren dieses Jahrhunderts die Engländer als Weltmacht ablösten, fand die Fondsidee hier ebenfalls rasch Anklang. Die USA waren plötzlich das Mutterland des Geldes. Der Kapitalismus schlug turmhohe Wellen. Geld, Geld und nochmals Geld wurde plötzlich in den USA verdient – durch eine atemberaubende Entwicklung, die begleitet und eingeläutet wurde durch das Eisenbahnwesen, die Autos, die Ölgeschäfte und andere Business-Gelegenheiten. In den USA konnte man wirklich reich werden. Also schossen in der Folge Investmentfonds wie Pilze aus dem Boden. Aber auch hier gab es zunächst einigen Wildwuchs, den es zu beschneiden galt. Um Anleger also vor Schaden zu bewahren, wurden in den 30er Jahren in den USA ebenfalls strenge Gesetze erlassen, was Investmentfonds anging.
Aber was geschah in Deutschland? Auch hier gab es bereits in den 20er Jahren ernsthafte Versuche, Investmentfonds zu etablieren und diese Idee dem sogenannten einfachen Mann von der Straße nahe zu bringen. Sie scheiterte jedoch wegen einer relativ ungünstigen steuerlichen Behandlung in dieser Zeit.
Theoretisch könnte man sogar noch zurückgehen und das Ende des 19. Jahrhunderts betrachten, wo es tatsächlich bereits einige wenige Fondsgesellschaften in Deutschland gab. Aber die deutsche Wirtschaftsgeschichte, die einstmals so unvorstellbar hoffnungsvoll begonnen hatte, wurde natürlich immer wieder unterbrochen: Es ist sattsam bekannt,

dass der Erste und der Zweite Weltkrieg die Finanzen und die Wirtschaft in Deutschland vollständig ruinierten.
Deshalb fasste der Investmentfondsgedanke eigentlich erst nach 1950 wieder richtig Fuß in deutschen Landen. Die erste Fondsgesellschaft, die gegründet wurde, war die *Allgemeine Deutsche Investment GmbH,* bekannt unter dem Kürzel ADIG, es gibt sie heute noch. Konkret riefen im Jahre 1949 einige Banken die *Allgemeine Deutsche Investmentgesellschaft* ins Leben. Im Jahre 1956 gründeten schließlich andere Bankgruppen weitere Investmentgesellschaften. Und endlich lief man sich langsam warm, was den Fondsgedanken in Deutschland anging. Schon bald existierten mehr als 60 Investmentgesellschaften, von denen sich 53 Gesellschaften im *Bundesverband Deutscher Investmentgesellschaften, kurz BVI,* organisierten. Und nun trat der Fondsgedankte wirklich einen unvergleichlichen Siegeszug an. Ein Blick in die Wirtschaftsseiten der Tageszeitungen heute genügt, um festzustellen, dass Fonds mittlerweile in Mode sind. Das Angebot ist unvorstellbar vielfältig, eine regelrechte Fondseuphorie brach in Deutschland aus. Eine atemberaubende Entwicklung setzte ein – und noch ist kein Ende in Sicht.
Aber drehen wir das Rad noch einen Moment zurück: Bereits 1957 wurden auch in Deutschland Gesetze erlassen, wodurch für die Sicherheit der Anleger Sorge getragen wurde. Zwar flaute kurzfristig nach 1969 die Begeisterung wieder ab, aber spätestens Anfang der 80er Jahre setzte ein zweiter Boom ein. Begründet wurde er durch die gute Wertentwicklung vieler Aktienfonds.
Heute gibt es in Deutschland praktisch kaum eine größere Bank oder Bankengruppe, die nicht eine bunte Palette von Investmentfonds für ihre Kunden zur Verfügung stellt.

DIE FONDS-EUPHORIE

Aber auch Versicherungsgesellschaften kamen auf den Trichter und legten Fonds auf. Die Regelungen wurden immer ausgefeilter, um die Käufer von Investmentfonds-Anteilen noch besser zu schützen. 1985 wurde eine Anpassung an europäisches Recht vorgenommen.
Heute konkurrieren deutsche Produkte mit europäischen Produkten, ja auch mit außereuropäischen Produkten. Jeder Fonds kann heute in jedem EU-Staat angeboten werden, solange er in einem beliebigen Mitgliedsland der EU zum Vertrieb angemeldet ist. Beliebt sind vor allen Dingen

Luxemburg und Irland für die Registrierung von Fonds. Deutsche Kapitalanlagegesellschaften nehmen dort zunehmend ihren Sitz. Der Grund ist in der positiven Rechts-, Steuer- und Gesetzeslage zu suchen.
Inzwischen vergeht tatsächlich buchstäblich kaum eine Woche, da nicht mindestens ein neuer Investmentfonds aufgelegt wird.
Kurz gesagt kann man davon sprechen, dass sich das Fondsvermögen bei uns in nur 20 Jahren verzehnfacht hat – und sich immer noch auf Wachstumskurs befindet. Immer mehr Bundesbürger möchten an den Wertpapiermärkten mitmischen und hohe Gewinne einstreichen. Da sie aber nicht direkt in Aktien investieren können, vertrauen sie ihr Geld Fachleuten an, die es für sie vermehren sollen. Die Zahlen für 2016 lagen bei Erscheinen dieses Buches noch nicht vor, aber man kann davon ausgehen, dass mittlerweile rund 500 Milliarden Euro in Deutschland allein in Fonds investiert sind.

GEHEIMNIS INVESTMENTFONDS oder WIE SIE FUNKTIONIEREN

Wir haben einen kleinen Nachtrag zu leisten, bevor wir auf die „fetten Gewinne", die Sie durch Investmentfonds einstreichen können, zu sprechen kommen. Die Frage lautet: wie funktioniert *exakt* ein Investmentfonds? Und was sind die konkreten Sicherheitsmechanismen?
Nun, die Funktionsweise ist relativ einfach. Wiederholen wir zunächst einmal: Viele verschiedene Anleger legen Geld in einen Topf: Eben in den Investmentfonds.
Eine sogenannte *Investmentgesellschaft* oder auch *Kapitalanlagegesellschaft (KAG),* verwaltet diesen Investmentfonds in der Folge. Der sogenannte *Fondsmanager,* der einem speziellen Fonds vorsteht – es kann sich auch um mehrere Personen handeln beziehungsweise um ein ganzes Gremium – dieser Fondsmanager oder dieses Gremium ist dafür verantwortlich, das Geld zu mehren.
Das Geld des Investmentfonds wird angelegt in Aktien, Renten, Immobilien oder andere Anlageformen.
Im Rahmen einer eigenen *Depotbank* wird das Fondsvermögen verwaltet. Dies ist in puncto Sicherheit von Bedeutung. Nehmen wir einmal an, die Investmentgesellschaft oder Kapitalanlagegesellschaft würde Konkurs gehen, würde pleite machen, auf gut deutsch gesagt. In diesem Fall kann das *Fondsvermögen* dennoch nicht angetastet werden. Deshalb nennt

man dieses Vermögen auch *Sondervermögen,* weil es unabhängig ist von dem Vermögen, über das die Investmentgesellschaft oder Kapitalanlagegesellschaft verfügt.
Der einzelne Anleger wiederum verfügt über sogenannte *Anteilsscheine.* Ein Anteilsschein ist eine Urkunde, in der ein Miteigentumsrecht des Inhabers an dem entsprechenden Fondsvermögen einer Investmentgesellschaft (Kapitalanlagegesellschaft) verbrieft ist. Es handelt sich also um ein Wertpapier.
Ein Anteilsschein besteht aus der eigentlichen Urkunde, dem *Mantel,* sowie üblicherweise dem Bogen. Der Bogen enthält *Ertragsscheine,* gegen dessen Vorlage dem Anleger die jährliche *Ausschüttung* (Zinsen, Dividenden) ausbezahlt wird. Bei sogenannten *thesaurierenden* Fonds, die ihre Erträge nicht ausschütten, werden die dem Fonds zufließenden Erträge unverzüglich wieder angelegt. Demzufolge bestehen die Anteilsscheine dieser Fonds nur aus dem *Mantel.*
Kurz gesagt verbrieft der Anteilsschein letztlich dem Anleger, dass er über einen gewissen Teil des Investmentfonds verfügt.
Das Vermögen des Fonds wird nach bestimmten Grundsätzen der Vermögensverwaltung und Vermögensstreuung gemanagt. Täglich verfolgt wie gesagt der *Fondsmanager* – der Experte also, der sich um den eigentlichen Kauf und Verkauf von Wertpapieren für den Fonds und somit um die Erzielung von Gewinnen kümmert – was sich auf den Kapitalmärkten bewegt. Ihm zur Seite stehen *Wertpapieranalysten,* jene Spezialisten also, die einzuschätzen versuchen, mit welchen Wertpapieren gute Gewinne zu erwarten sind beziehungsweise welche wohl besser verkauft werden sollten. Entsprechend kauft und verkauft der Fondmanager Wertpapiere und schichtet das Fondsvermögen um. Entscheidend ist die Risikostreuung. Wer Aktien oder festverzinsliche Wertpapiere direkt kauft (Direktanlage), kann mit kleinen Anlagebeträgen naturgemäß nur eine kleine Auswahl von Papieren erwerben. In diesem Fall können Verluste in einer *Position* (damit wird auf das Engagement in eine bestimmte Aktie oder in ein bestimmtes Wertpapier gezielt) schnell die Gewinne einer anderen *Position* vernichten. Soweit jedenfalls die Argumentation der Fonds-Betreiber.
Im Rahmen eines Investmentfonds kann dagegen das Kapital auf viele verschiedene Wertpapiere, Laufzeiten und/oder Währungen verteilt werden. Das Risiko einer zu einseitigen Geldanlage ist dadurch begrenzt. Der Fonds streut sein Vermögen je nach Anlageschwerpunkt in eine Vielzahl

von unterschiedlichen Wertpapieren. Hierzu ist er gesetzlich verpflichtet. Fallen beispielsweise bei einem Aktienfonds Kursverluste an, so werden diese Verluste dank der Streuung auf viele Werte durch Gewinne in anderen Papieren abgeschwächt oder sogar kompensiert, im Idealfall jedenfalls.

Investmentfonds sind daher oft ein gutes Anlageinstrument: Der Käufer erwirbt ein breit gestreutes und trotzdem „pflegeleichtes“ Depot. Weiter muss er sich weder um Zinstermine noch um die Wiederanlage auslaufender Papiere kümmern.

Auch die Übersichtlichkeit bei der Vermögenskontrolle ist gewährleistet. Statt fortlaufend die Entwicklung vieler *Einzeltitel* – also einzelner Aktien und Anleihen – zu überwachen, kontrollieren Sie als Anleger „Ihren“ Fonds mit nur einem Blick in die Tageszeitung. Hier finden Sie börsentäglich aktualisierte An- und Verkaufspreise.

GESETZE

In Deutschland gibt es zwei Gesetze, die alles rund um die Investmentfonds regeln: Zunächst ist das *„Gesetz über Kapitalanlagegesellschaften“ (KAGG)* zu nennen. Es betrifft alle von deutschen Investment-Gesellschaften und nach deutschem Recht aufgelegten Fonds.

Das *„Auslandsinvestmentgesetz“ (AuslInvG)* regelt alle von ausländischen Investmentgesellschaften aufgelegten Fonds, die in Deutschland öffentlich vertrieben werden dürfen.

Beide Vorschriften wurden am 1. März 1990 an das europäische *„Investment-Richtlinien-Gesetz“* vom 20. Dezember 1985 angepasst. Dieses Gesetz verabschiedete man im Vorgriff auf den gemeinsamen Binnenmarkt bereits 1985. Beide Gesetze fordern für Investmentfonds eine Mindeststreuung der Investitionen.

Zusammengefasst lässt sich urteilen, dass bei der Geldanlage in Investmentfonds beträchtliche Vorteile für den Anleger entstehen. Er kann einen Fonds darüber hinaus sogar mit einer Lebensversicherung koppeln, wenn ihm danach zumute ist – ein Investment, von dem wir jedoch nicht begeistert sind, wie Sie bereits wissen.

Darüber hinaus sind weitere Vorteile gegeben, wie die regelmäßige Information

über den Stand des Guthabens, der Schutz vor Manipulation der Gelder, bestimmte Steuervorteile, die staatliche Überwachung und – bei Aktien zumindest – der Schutz gegen Inflation und Währungsreform. Auch die jederzeitige Liquidität ist ein Pluspunkt.

VORTEILE

Listen wir die einzelnen Vorteile der Übersichtlichkeit halber noch einmal auf:

1. Die Rendite ist höher als bei vielen anderen Anlageformen.
2. Man kann mit geringen Einsätzen mit von der Partie sein.
3. Die Einlage einer Einmalsumme ist möglich.
4. Die Liquidität ist jederzeit gewährleistet.
5. Man kann Auszahlungspläne vereinbaren und so in den regelmäßigen Genuss einer Rente kommen.
6. Man kann Investmentfonds an eine Lebensversicherung koppeln.
7. Sofern in Aktien angelegt ist das Guthaben abgesichert gegen Inflation und Währungsreform.
8. Die Gelder werden staatlich überwacht.
9. Bestimmte Steuervorteile sind gegeben
10. Das Kapital ist vor Manipulationen geschützt, es gehört dem Kunden.
11. So gewünscht, kann der Kunde sogar manchmal die Anlagestrategie beeinflussen.
12. Man erfährt regelmäßig den Stand seines Guthabens.

GEWUSST WO

In welchen Investmentfonds sollten Sie nun Ihr Geld anlegen?
Tatsächlich ist diese Frage nicht leicht zu beantworten. Weltweit gibt es momentan gefühlte 100.000 Investmentfonds – täglich kommen neue dazu. Scheinbar handelt es sich bei Investmentfonds um ein Schlaraffenland. Leider ist die Wahrheit und nichts als die Wahrheit, dass es auch unter den Fondsgesellschaften und Fondsmanager schwarze Schafe gibt.
Hier nur eine Tatsache, die Ihnen zu denken geben sollte:
Natürlich bieten auch Banken und Versicherungsgesellschaften Investmentfonds an, wie bereits erwähnt. Nun ist leider aber festzuhalten, dass es sich hierbei üblicherweise um die *hauseigenen* Produkte handelt. Das heißt, selbst eine Großbank wird natürlich *ihre* Produkte verkaufen lassen, durch ihre Bankangestellten, weil sie hierbei am meisten verdient.

Es kommt also einer Bank nicht darauf an, den besten Investmentfonds, den besten Aktienfonds oder den besten Immobilienfonds für Sie herauszupicken – aus dem Markt der unbegrenzten Möglichkeiten. Sie wird die *hauseigenen* Produkte anbieten, selbst wenn hier die Performance, sprich die Rendite, nicht so gut ist, wie bei einem Fonds, der beispielsweise von US-Amerika aus gesteuert wird. Mit anderen Worten: die Auswahl der Produkte lässt zu wünschen übrig.
Das ist alles andere als optimal. Betreten wir neugierig einmal das Allerheiligste einer Bank und schauen wir hinter die Kulissen. Wie sieht es hier aus?
Nun, Bankangestellte erhalten gewöhnlich Direktiven von oben. Hier wird also zum Beispiel angeordnet: *„Verkauft dem Kunden den xy-Fonds!"* Oder, noch schlimmer: *„Herr Maier [= ein Bankangestellter], sehen Sie zu, dass Sie diese Woche unseren Kunden mindestens 20 Bausparverträge verkaufen. Das ist Ihre Quote!"*
Sie verstehen, was damit zum Ausdruck gebracht werden soll? Es wird nicht mit spitzen Fingern sondiert, was für den Kunden das Beste ist. Es wird nur darauf geachtet, was für die Bank vorteilhaft ist. Dies kann die Auswahl der richtigen Fonds (und guter Finanzprodukte überhaupt) natürlich negativ beeinflussen.
Außerdem gibt es Verflechtungen zwischen den einzelnen Banken und bestimmten deutschen Unternehmen. Es sei an dieser Stelle ausdrücklich darauf verzichtet, ein Schwarzbuch zu schreiben, wer in welchem Aufsichtsrat sitzt, wer in welchen Vorständen anzutreffen ist und wie die deutschen Unternehmen und die deutschen Banken miteinander verflochten sind. Aber der Leser wird nicht erst seit der Verquickung zwischen der Deutschen Bank und der Daimler Benz AG wissen, dass es Elefantenhochzeiten gibt und dass die deutsche Hochfinanz und deutsche Top-Unternehmen oft auf das engste miteinander verquickt sind. Man wäre ein hoffnungsloser Optimist, wenn man nicht annehmen würde, dass damit nicht auch bestimmte „Empfehlungen" bezüglich bestimmter Aktien oder Fonds existieren würden.
Diese „Empfehlungen" behalten jedoch nicht immer den Vorteil des Kunden im Auge.
Mit anderen Worten: Erneut sehen Sie sich einem Wust von Finanzprodukten gegenüber, die Sie kaum seriös und sicher einschätzen können.
Ganz davon abgesehen gab es auch im Rahmen der Investmentfonds

zahlreiche spektakuläre Pleiten und/oder Verluste.
Was also kann man anraten?

DIE BESTEN INVESTMENTFONDS

Suchen wir also zumindest einen schmalen Pfad in den Dschungel der Fondslandschaft zu schlagen.
Untersuchungen haben inzwischen ohne Wenn und Aber bewiesen, dass mit *Aktien* die höchsten Gewinne erzielt werden können. Sie schlagen sogar die Immobilie – im Durchschnitt gesehen.
Hieraus ergibt sich der erste Tipp hinsichtlich Investmentfonds:
Geben Sie jenen Fonds den Vorzug, wo die Anleger-Gelder in Aktien fließen.
Sehr einfach!
Erfahrungsgemäß sind Immobilienfonds oder gar Rentenfonds uninteressanter.
Weiter können Sie die „Performance“, das heißt die Gewinne vieler Fonds, im Wirtschaftsteil einiger Zeitungen verfolgen. Prüfen Sie sie!
Wenn ein Fonds in der Vergangenheit nur schmale Zinsgewinne abgeworfen hat, lassen Sie davon sehr einfach die Finger.
Hier lauert indes eine Fallgrube: Es gibt Investmentfonds, die mit unvorstellbar hohen Gewinnen locken.
Wenn die Gewinne angeblich astronomisch hoch sind, seien Sie ebenfalls misstrauisch.
8, 9 oder 10% sind eine fantastische Verzinsung Ihres Geldes. Alles, was darüber hinausgeht, ist jedoch unserer Ansicht nach mit Vorsicht zu genießen.
Da es nun zusätzlich regelrechte betrügerische Machenschaften auch auf dem Sektor der Investmentfonds gibt, gilt ferner dies: **Wählen Sie grundsätzlich nur solche Fonds, hinter denen große, bekannte Namen stehen und die sich schon eine ganze Weile auf dem Markt tummeln.**
Eine frisch gegründete, unbekannte Mini-Firma kann jederzeit Bankrott machen und Sie trotz aller „Sicherheitsmaßnahmen“, die wir aufgeführt haben, mit sich in den Abgrund reißen. Die Investmentfirma *Fidelity* jedoch zum Beispiel ist alteingesessen, existiert seit 1946 und hat über 40.000 Angestellte.
Weiter gilt: Beobachten Sie die Wirtschaft. Wo nimmt sie rasant an Fahrt auf, in welchen Ländern? Wenn in den USA die Post abgeht oder in der

Schweiz etwa, so sollten Sie dort in Aktienfonds investieren.
Kaufen Sie also nur solche Fonds, wo das gesamt wirtschaftliche Umfeld stimmt, denn es hat immer auch einen Einfluss auf den Wert der Aktien.
Und schließlich: **Wenn Sie vorhersehen können, dass die Wirtschaft eines Landes zu lahmen beginnt oder die Aktien Ihres Fonds abstürzen, ziehen Sie Ihr Geld aus dem Fonds ab.**
Ein Fehler wäre es jedoch, bei jeder kleinen Schwankung sofort auszusteigen.
Sie müssen also abschätzen lernen, ob es sich nur um ein überschaubares, momentanes Tief handelt oder um eine Katastrophe, die sich am Horizont zusammenbraut.
Bei einem kleinen momentanen Tief sollten Sie im Gegenteil Fondsanteile nachkaufen. Bei einer echten Katastrohe jedoch ergreifen Sie die Flucht.
Sie können sich selbst eine „Stopp-Loss"-Grenze setzen. Wenn Sie also zum Beispiel sehen, dass der Wert Ihres Aktienfonds fällt und fällt und fällt – ziehen Sie ab einer bestimmten Zahl die Notbremse.
Schließlich sind die Abschlussgebühren und die Gebühren überhaupt recht unterschiedlich bei Investmentfonds. Einige Fondsgesellschaften verlangen unverschämt hohe Gebühren. **Nehmen Sie einfach Abstand von Investmentfonds, bei denen die Gebühren zu hoch sind.**
Hören Sie weiter nicht auf, ständig Vergleiche anzustellen. Es gibt zahlreiche Quellen, wo Sie solche Vergleiche finden, in Zeitungen, im Internet und so weiter.
Steigen Sie außerdem nicht in einen Aktienfonds ein, wenn der Aktienmarkt gerade völlig überhitzt ist. Der Grund: Die Aktien *können* in der Folge nur fallen.
Suchen Sie nach einem idealeren Einstiegspunkt.

KLEINES FAZIT ÜBER FONDS

Zusammenfassend lässt sich sagen, dass Sie mit einem guten Aktienfonds normalerweise weit höhere Renditen erzielen als mit anderen Finanzprodukten.
Es existiert jedoch keine „absolute Sicherheit". Grundsätzlich bedeuten höhere Zinsen immer auch ein höheres Risiko. Wenn Sie jedoch die gerade genannten acht Ratschläge anwenden, schließen Sie rund 90% aller

Risiken aus. 10% Restrisiko verbleiben. Aber denken Sie nie, dass es irgendein Investment gibt, wo es keinerlei Risiko gibt.
Nur Träumer glauben, dass völlig risikolose Finanzprodukte existieren. Dieses Statement gilt auch für das interessanteste Kapitel dieses Buches, das sich mit der Aktienanlage befasst.

12. ZWEI WÖRTER ÜBER AKTIEN

Oh Aktien! Die Erfolgsstories, die geschrieben wurden aufgrund von Aktiengewinnen, lesen sich wie ein Märchen aus 1001 Nacht. Aber die Verlustgeschäfte, die mit Aktien eingefahren wurden, lesen sich wie ein Evangelium aus der Hölle. Wir müssen zunächst mit einem Bekenntnis beginnen: Im Grunde genommen kann man kein Kapitel und sogar kein Buch über die „richtige" Aktien-Anlage schreiben, denn das Gebiet ist zu umfangreich.

Es gibt zumindest 100 unterschiedliche Aktien-Anlage-Strategien, die alle zum Erfolg führen können. Und es gibt ebenfalls wenigstens 100 unterschiedliche Aktien-Anlage-Verhaltensweisen, die im Sumpf enden.

Nachdem wir also festgestellt haben, warum man kein Kapitel über die richtige Aktien-Anlage schreiben kann, beginnen wir einfach.

DAS STABILE DATUM

Das erste stabile Datum über Aktien ist höchst aufschlussreich.

Keine andere Anlageform schlägt die Aktie, langfristig gesehen, was die Gewinne angeht – im Durchschnitt, muss man sofort hinzufügen.

Das heißt, wenn Sie gute, substanzstarke Aktien einkaufen und sie zum Beispiel 20 oder 30 Jahre lang „liegenlassen", werden Sie höhere Gewinne einfahren als bei jeder anderen Anlageform.

Es ist also richtig, sich mit Aktien zu beschäftigen.

Was aber sind die Voraussetzungen?

DER WICHTIGSTE TIPP

Aktien sind eine unendliche Geschichte. Zunächst müssen Sie bereit sein, ständig dazuzulernen, wenn es um Aktien-Anlagen geht. Wie im Falle der Immobilien sollten Sie nicht darauf setzen, dass ein „Experte" Ihnen die richtigen Tipps mundgerecht serviert. Selbst „Experten", die innerhalb von Banken operieren, sind mit Vorsicht zu genießen, ja vielleicht gerade sie, weil sie oft aufgrund eines
„Befehls von oben" bestimmte Aktien ihren Kunden empfehlen müssen.

Halten Sie sich auch fern von Aktien-Brokern, die selten *Ihren* Vorteil im Auge behalten; sie wollen in erster Linie sich selbst den Beutel füllen.

Noch gefährlicher ist es, im Internet nach „Geheimtipps" Ausschau zu halten.

Es führt also auch hier kein Weg daran vorbei, sich eine eigene Meinung zu bilden und Urteilskraft zu entwickeln.
Am besten sind immer noch Aktien-Bücher, denn hier gehen die Autoren in die Tiefe. Es gibt wenigstens 100 exzellente Bücher über Aktien. An dieser Zahl allein können Sie sehr schnell ersehen, wie unterschiedlich die Anlage-Philosophien im Falle der Aktien sind.
Das aber bedeutet, dass „richtige“ Arbeit auf Sie wartet, wenn Sie „richtige“ Gewinne erzielen wollen.
Diese Arbeit kann Ihnen niemand abnehmen. Wenn es eine Person gibt, die Ihnen anbietet, eben diese Arbeit für Sie zu machen, sind Sie bereits in die erste Falle getappt. Aber eben diese „Arbeit“ kann hoch interessant und höchst freudvoll sein, wenn Sie den Gesichtspunkt einnehmen, dass jede Stunde Studium, die Sie absolvieren, am Schluss mit 1.000 Euro zum Beispiel vergütet wird.
Mutieren Sie jedoch nicht zum Zocker, Spieler oder Spekulant, sondern wandern Sie in Richtung Investor und Profi-Anleger. Der Unterschied besteht darin, dass der Zocker in 90% aller Fälle verliert, der Investor in 90% aller Fälle gewinnt. Ein Zocker baut auf das Glück, ein Investor auf den gesunden Menschenverstand sowie auf Know-how und auf die Vernunft. Agieren und reagieren Sie ferner nie auf Grund von Gerüchten, sondern nur auf Grund von Statistiken und handfesten Zahlen.
Betrachten wir nun einige weitere wichtige Voraussetzungen für das vernünftige Investment in Aktien, und formulieren wir dazu einige Recherchen-Ratschläge.

RECHERCHE 1
Eine gute Voraussetzung ist es, eine Zeitlang mit sehr geringen Summen zu spielen, um sich an das Auf und Ab von Aktien zu gewöhnen. Wenn Sie am Anfang stehen, beobachten Sie einfach nur verschiedene Aktien. Picken Sie sich zum Beispiel drei oder vier interessante Aktien heraus und schauen Sie, was mit ihnen passiert, wenn Sie ein paar Euro einsetzen. Suchen Sie zu ergründen, warum sie steigen und warum sie fallen. Sie werden auf diese Weise schnell feststellen, dass es immer Gründe gibt, warum eine Aktie steigt und an Wert gewinnt. Lesen Sie parallel Bücher über Aktien. Wir empfehlen die Autoren Max Otte, Peter Lynch, Warren Buffett, André Kostolany und Susan Levermann.

RECHERCHE 2

Da es zahlreiche unterschiedliche Märkte und schier unzählig viele Unternehmen gibt, empfiehlt es sich, sich zu spezialisieren. Sie können nicht alles wissen, und Sie brauchen nicht alles zu wissen. Entscheiden Sie sich für einen bestimmten Teilmarkt, der in der Vergangenheit und in der Gegenwart eine überdurchschnittliche *Performance* gezeigt hat, wie zum Beispiel den Teilmarkt *Banken* oder den Teilmarkt *biopharmazeutische Unternehmen*. Wenn Sie sich persönlich in einem Teilmarkt oder innerhalb einer Branche etwas auskennen, beobachten Sie Unternehmen aus eben dieser Branche, denn ihre Urteilskraft wird hier sehr viel höher sein. Sie besitzen in diesem Fall einen Informationsvorsprung, den Sie nutzen können. Konzentrieren sich auf die *Frontrunner* in dieser Branche, sprich auf die ganz Großen, die Nummern 1 und 2, die „Sieger" also, behalten Sie aber auch interessante Newcomer im Auge.

Suchen Sie den Kontakt zu den Unternehmen, deren Aktien Sie vielleicht eines Tages kaufen wollen. Sie sollten sich regelmäßig mit „Investor-Informationen" von diesen Unternehmen versorgen lassen. Es ist dies sehr leicht zu bewerkstelligen, indem Sie bei der Presseabteilung des Unternehmens, das Sie interessiert, einfach anrufen und um regelmäßige „Investor-Informationen" bitten.

Oft können Sie diese Informationen heute auch einfach elektronisch einholen.

Sorgen Sie jetzt schon dafür, dass Sie über ausreichend Cash verfügen, so dass Sie eines Tages in einer guten Größenordnung in eine oder mehrere Aktien „richtig" einsteigen können.

RECHERCHE 4

Studieren Sie jetzt die Zusammenbrüche verschiedener Börsen, das heißt verschiedene „Crash-Szenarien".

Beispiele sind:

2007 schoss der Immobilienmarkt in den US in höchste Höhen, überall herrschte Euphorie, jedermann konnte scheinbar das „leichte, schnelle Geld" verdienen, ohne viel Arbeit. Die Zinsen waren niedrig und Kredite leicht aufzunehmen.

Nun inszenierten Banken jedoch folgendes Gaunerstückchen: Zahlreiche Immobilien-Hypotheken-Papiere, die nichts taugten, weil die Hausbesit-

zer zu wenig auf der Naht hatten, wurden paketweise an andere Banken verscherbelt, weltweit tatsächlich. Alle möglichen Player stiegen ein, auch Deutschland und deutsche Banken.
Als die Wahrheit über die faulen Immobilien-Papiere das Licht der Welt erblickte, kam es an verschiedenen Börsen zu gewaltigen Kurseinbrüchen.
Weiter stürzten die Immobilienpreise in den USA in den Keller. Das weltweite Finanzsystem drohte auseinanderzubrechen …

Ein weiteres Beispiel: 1997 erschütterte die sogenannte *Dotcom-Blase* die Börse. Angeblich konnte man durch das Internet das leichte, schnelle Geld verdienen, genauer gesagt durch das Investment in vielsprechende Internet-Firmen. Jedermann „strahlte". Selbst Menschen, die nichts von der Börse verstanden, stiegen ein. Die Kurse einiger Unternehmen schossen in unvorstellbare Höhen.
Schließlich stürzen sie ab …

Aufschlussreich ist auch das Jahr 1929. Euphorie ergriff damals alle möglichen Investoren in den USA. Wissenschaftler, Unternehmer und Banker übertrafen sich wechselseitig an positiven Kommentaren. Aktienkurse stiegen in schwindelerregende Höhen. Gewissenlose Banker heizten hinter den Kulissen das Spiel ständig weiter an. Nachdem die Aktien ebenfalls in unvorstellbare Höhen geschossen waren, brach das Kartenhaus schließlich zusammen.
Das Ergebnis war ein weltweiter Crash, der auch Deutschland erfasste und zu einem nicht geringen Teil dafür verantwortlich war, dass Hitler Stimmen gewinnen und an die Macht gelangen konnte ...

Ein letztes Beispiel – das Jahr 1890: Damals spielte sich die sogenannte „Gründerkrise" in Deutschland ab, als Bismarck Reichskanzler war. Gewonnene Kriege führten zu einem falschen Enthusiasmus, der zu der Gründung zahlreicher Unternehmen führte. Auch hier war auf einmal angeblich „das schnelle Geld" zu verdienen. Nachweislich wurden Journalisten bestochen, die immer wieder „gute Börsen-Nachrichten" verbreiteten. Eines Tages verflog die Euphorie, und viele Unternehmen machten pleite.

RECHERCHE 5
Studieren Sie demgegenüber aber auch, welche Umstände zu steigenden Aktienpreisen führen können. Betrachten Sie den *Dow Jones* und untersuchen Sie selbst, was zu welchen Zeiten warum zu einer florierenden Börse führte.
Der *Dow Jones* ist einer der ältesten Aktien-Indizes der Welt, er existiert seit 1896. Viele andere Aktien-Indizes orientieren sich an dem Dow Jones, er ist der weltweit wichtigste Indikator für Aktien. Er zeigt den Durchschnitt von 30 Welt-Unternehmen an, deren Aktien in New York/ USA gehandelt werden. Benannt wurde er nach den Gründern des *Wall Street Journals* und des Unternehmens *Dow Jones*, die Herren Charles Dow (1851–1902) und Edward Jones (1856–1920) standen also Pate.
Suchen Sie, herauszufinden, wann und warum der Aktienmarkt in den USA und in Deutschland „Ausschläge nach oben" zu verzeichnen hatte. Studieren Sie also auch den DAX, den deutschen Aktienindex.
Sie werden entdecken, dass (positive) Nachrichten über die (sinkende) Arbeitslosigkeit, Zinssenkungen und (positive) Wirtschaftsnachrichten und manchmal sogar (positive) politische Nachrichten der Grund sind.
Der DAX, der deutsche Aktien-Index, folgt mehr oder weniger dem Verlauf der Dow-Jones-Kurve.

RECHERCHE 6
Die politische und wirtschaftliche Großwetterlage (national und international) bestimmen fast immer sinkende oder steigende Aktienkurse.
Beobachten Sie also entsprechende Nachrichten, aber mit dem Auge eines Investors, der aus bestimmten Entwicklungen Schlüsse zieht.
Aber Vorsicht! Die Aktienkurse bestimmter Unternehmen entwickeln sich auch unabhängig von Großwetterlagen nach oben oder nach unten. Wenn ein Unternehmen über einen genialen Kopf verfügt, der in der Vergangenheit mehrfach bewiesen hat, dass er Statistiken und Umsätze nach oben treiben kann, so ist das ebenfalls eine Information, die für Sie hochwichtig ist.
Suchen Sie also zusätzlich exzellente Top-Manager oder begnadete Firmen-Chefs in der Unternehmenslandschaft zu identifizieren. Wenn Sie auf diese Herren setzen, verbünden Sie sich mit „Siegern".

RECHERCHE 7 oder
DIE HOHE SCHULE

Wenn Sie ein wenig eingefuchst sind, sollten Sie darauf hinarbeiten, auch die
objektiven Zahlen und Statistiken eines Unternehmens „lesen" zu können.

Klären Sie im Zusammenhang mit Aktien alle Wörter, die Sie nicht verstehen. Sie müssen das grundlegende Vokabular beherrschen, ansonsten sind Sie aufgeschmissen.

Klären Sie konkret zumindest die folgenden Ausdrücke, bis Sie sie vollständig „verdaut" haben und souverän mit ihnen jonglieren können: *KGV, PER, EBIT, RoE, Eigenkapitalquote, Gewinnrevision, EPS/Gewinnwachstum, Kursmomentum, Dreimonatsreversal, EBITDA, RoA, RoIC, Liquiditätsgrad, Cashflow, Performance, Quartalszahlen, Trailing-Stopps, Stopp-Loss* und *Dividende.*

Es ist völlig in Ordnung, wenn Sie einen ganzen Tag brauchen, um jeweils ein einziges Wort völlig zu verstehen und seinen Sinn wirklich zu begreifen.

Sie müssen diese Begriffe tatsächlich aus dem Effeff beherrschen. Sie müssen mit Ihnen umgehen können und eine Firma auf eben diese Begriffe (und die resultierenden Zahlen) hin abklopfen können.

Es ist dies ver…flixt viel Arbeit, wir wissen es, aber sie zahlt sich vielfach aus.

RECHERCHE 8 oder
DIE HOHE SCHULE

Checken Sie nun bestimmte Zahlen eines Unternehmens, dessen Aktien Ihnen sympathisch sind.

Der Star unter den deutschen Fondsmanagern, Susan Levermann, nennt in Ihrem exzellenten Buch *Der entspannte Weg zum Reichtum* fünf Kriterien, die für das Investment in die „richtige" Aktie von besonderer Bedeutung sind.

1. Wichtig ist es zunächst, sozusagen den „Einkaufspreis" einer Aktie in Erfahrung zu bringen. Erinnern Sie sich? Im Einkauf liegt der Segen, lautet eine alte Erfolgsformel.
   Recherchieren Sie dazu das Kurs-Gewinn-Verhältnis (KGV) der

letzten 5 Jahre. Man spricht auch von dem PER, dem Price-Earning-Ratio. Das heißt, wie viel verdienen Sie pro Aktie im Verhältnis zum Einkaufspreis?
Wenn Sie den KGV in Erfahrung gebracht haben, wissen Sie ob der „Einkaufspreis" einer Aktie stimmt, sprich ob Sie sie zu preiswert oder zu teuer einkaufen.
Hier einige Orientierungspunkte, in Stichworten:
< Ein KGV von (kleiner als) 12 gilt als sehr gut und verdient einen Pluspunkt.
> Ein KGV von (größer als) 16 gilt als schlecht und verdient einen Minuspunkt.
Zusätzlich können Sie den aktuellen KGV recherchieren.
Noch einmal: Ein „guter" KGV/PER heißt im Klartext: Sie kaufen die Aktie „billig" ein.

2. Recherchieren Sie weiter die EBIT-Marge. Der Ausdruck *bedeutet Earnings before Interest and Tax.* Es handelt sich hierbei um das operative Vorsteuerergebnis eines Unternehmens.
   Wie viel hat das Unternehmen also erwirtschaftet, vereinfacht ausgedrückt?
   Hat es gut verdient oder weniger gut?
   > 12% gilt als gut und verdient einen Pluspunkt, < als 6% gilt als schlecht und wird von Ihnen mit einem Minuspunkt bestraft.

3. Interessant ist ferner der RoE. Der Ausdruck bedeutet so viel wie *Return on Equity.* Hiermit wird auf das *Eigenkapital* gedeutet. Sprich jedes Unternehmen setzt eine gewisse Summe an Eigenkapital ein. Der Return, der Gewinn, auf eben dieses eingesetzte Eigenkapital, versorgt Sie mit einem weiteren wichtigen Beurteilungskriterium.
   War der Return gut oder weniger gut?
   > 20% gilt es gut und verdient einen Pluspunkt, < als 10% gilt als schlecht und wir mit einem Minuspunkt ausgezeichnet.

4. Nicht nur die Gegenwart ist von Bedeutung, wenn Sie ein Unternehmen einschätzen, sondern auch und vor allem die Zukunft, denn mit einer Aktie wetten Sie ja auf die Zukunft. Sie wollen

wissen, in welche Richtung sich ein Unternehmen bewegt ... bewegt es sich nach oben oder nach unten? Stellen Sie also anhand einer Grafikkurve fest, was Sache ist. Vergleichen Sie den momentanen Kurs mit dem Kurs vor 6 Monaten. Wenn die Kurve schön und systematisch nach oben führt, so hat das Management dieses Unternehmens offenbar seinen Job gut erledigt. Sie können mit einer gewissen Wahrscheinlichkeit davon ausgehen, dass es auch in Zukunft daran arbeiten wird, das Unternehmen weiter nach oben zu führen.
Eine ansteigende Kurve verdient also ebenfalls einen Pluspunkt. Liegt der momentane Kaufpreis der Aktie jedoch niedriger als vor sechs Monaten, dann lassen Sie ganz einfach die Finger von dieser Aktie.
Zusätzlich können Sie den momentanen Stand der Kurve gegenüber dem Stand der Kurve vor einem Jahr überprüfen.

5. Auch das Verhältnis zum allgemeinen Markt ist insgesamt wichtig. Wie macht sich eine Aktie im Verhältnis zum Gesamtmarkt? Wenn der DAX um 3% gestiegen ist, Ihre Aktie aber nur um 1%, hat sie underperformed, was ihr erneut einen Minuspunkt einbringt.
   Für die wahrscheinliche Zukunft sind außerdem die *Quartalszahlen* von Bedeutung. Reagiert die Aktienkurve Ihres Unternehmens positiv auf Gewinne, die alle 3 Monate bekanntgegeben werden?

Levermann rät, bei drei Pluspunkten zu kaufen, sofern es sich um größere Unternehmen handelt. Wir raten: Lesen Sie das gesamte Buch dieser Autorin. Hier nochmals der Titel: Susan Levermann, *Der entspannte Weg zum Reichtum.* Es gibt hierin noch sehr viel mehr Daten, die Ihnen helfen, eine Aktie völlig „objektiv" einzuschätzen.
Versucht man, die obigen fünf Punkte mit einer „Schnodderschnauze" (und unzulässig vereinfacht) zusammenzufassen, so könnte man dies sagen: Sie suchen einfach in Erfahrung zu bringen, ob Sie die Aktie billig einkaufen können im Verhältnis zu ihrem tatsächlichen Wert, ob die Firma genügend „Kohle" macht, ob das Management in der Vergangenheit ordentlich malocht und gewitzte Entscheidungen getroffen hat, so dass der Aktienwert stieg und ob Ihr Unternehmen verdammt noch mal besser ist als andere Unternehmen und die Zukunft rosig aussieht.

Woher Sie all diese Informationen erhalten? Aus dem Internet, von den Unternehmen selbst und von Firmen, die sich darauf spezialisiert haben, Vergleiche anzustellen.
Sobald Sie das alles wissen, können Sie in das Auto einsteigen, denn Sie haben Ihre Hausaufgaben gemacht. Schnallen Sie sich bitte an, es geht los!

ACTION 1
Theoretisch ist die Anlage in Aktien simpel:
Steigen Sie ein, wenn die Kurse tief sind und steigen Sie aus, sobald sie hoch sind.
Aber was ist „tief" und was ist „hoch"?
Nun, die wirkliche Kunst besteht darin, zu warten. Wenn zum Beispiel ein kleiner oder großer Schock zu fallenden Kursen geführt hat, ist das Ihre Chance. Die Nachrichten klingen in solchen Fällen pessimistisch.
Warten Sie also zur Not eine Weile, bis „Ihre" Aktie ordentlich nachgibt.
Warten Sie ab, bis ein Tiefpunkt erreicht ist und Ihre Aktie nicht weiter nach unten purzelt.
Die „Kunst des Wartens" wird Ihnen viele Gewinne bescheren.
Ungeduld führt dazu, dass Sie Geld verlieren.
Steigen Sie aus, wenn die Kurse hoch sind und „alle" enthusiastisch sind, was Aktien angeht. Nehmen Sie Gewinne mit.
Ihr größter Gegner beim Einstieg ist die Angst, denn Sie müssen gegen den Strom schwimmen können.
Ihr größter Gegner beim Ausstieg ist die Gier, denn Sie fühlen sich nach einem ordentlichen Gewinn als Herr der Welt und glauben, dass Sie klüger sind als alle anderen Investoren.
Sie kämpfen also immer nur gegen sich selbst, gegen Ihre eigenen Emotionen.
Ihre Vernunft muss stärker sein als Ihr Gefühl.
Wenn das Spiel des Einsteigens und Aussteigens zu kräftezehrend für Sie ist, so beschließen Sie einfach, langfristig zu operieren. Lassen Sie Ihre Aktie drei Jahre lang oder sogar zehn Jahre lang „liegen".
Im Übrigen müssen wissen, dass Sie selten oder nie den „niedrigsten" Einstiegspunkt erwischen, und selten oder nie den „höchsten" Ausstiegspunkt.
Das ist normal.

ACTION 2

Halten Sie durch, wenn sich nur eine kleine Korrektur „Ihrer“ Aktien abzeichnet und reagieren Sie nicht panisch.

Wenn sich jedoch ein Schock in riesigen Größenordnungen abzeichnet, steigen Sie schnell aus.

Früh werden Sie zudem dies lernen: Die Auswahl der besten Aktien einer Branche und den Entschluss, sie zu halten, zeitigt in der Regel mehr Gewinn als das Vermeiden schlechter Monate und der panische Ein- und Ausstieg.

Lassen Sie sich nicht aus der Ruhe bringen von kurzfristigen Schwankungen.

Nur wenn alle Anzeichen wie gesagt darauf hindeuten, dass ein Markt völlig zusammenbricht, verabschieden Sie sich rasch.

ACTION 3

Wenn Sie etwas erfahrener sind und die ersten schönen Gewinne mit Aktien realisiert haben, beobachten Sie auch das Verhältnis verschiedener Branchen zueinander.

Das sind beispielsweise die Fakten, was das Verhältnis der Banken zu den meisten anderen Branchen angeht:

Erhöhen sich die Leitzinsen, dann werden Kredite teurer, Unternehmen können weniger Kredite für Investitionen beantragen, die Geschäfte gehen schlechter und Aktien sinken.

Werden Leitzinsen über die Erwartungen hinaus erhöht, fallen die Kurse weiter.

Sobald die Leitzinsen erhöht werden, steigt man aus „normalen“ Aktien aus und geht in Bank-Aktien. Höhere Leitzinsen bedeuten für Banken, dass sie nun besser verdienen. Also steigt man hier ein. Steigende Zinsen führen zu steigenden Bank-Aktien.

ACTION 4

Je länger Sie sich mit Aktien befassen, umso aufregender wird das Spiel. Sie werden mehr und mehr lernen wollen, was richtig ist.

Weitere wichtige Indikatoren, die Sie bei der Auswahl Ihrer Aktien beherzigen sollten, sind bei einem Unternehmen *die Eigenkapitalquote, die Gewinnrevisionen, das Gewinnwachstum, das Kursmomemtum und das Dreimonatsreversal.*

Weiter sollten Sie wissen, dass Sie witzigerweise dann am besten mit Aktien fahren, wenn Sie gegenteilig zur „Experten"-Meinung und der Meinung der „Analysten" investieren. „Experten" und „Analysten" stehen oft ungesehen auf den Gehaltslisten der Elefantenunternehmen und müssen schreiben, was hier „von oben" diktiert wird.
Checken Sie weiter das Bruttoergebnis eines Unternehmens (EBITDA), die Kapitalrendite (RoA = Return on Assets), die Liquidität eines Unternehmens und seinen Cashflow. Auch Dividenden machen eine Aktie attraktiv. Den KGV überprüfen Sie am besten regelmäßig, jede Woche zum Beispiel.

TOP-ANLAGE-STRATEGIEN VON SIEGERN

Wie schon festgestellt: Es existieren zahlreiche unterschiedliche Aktien-Strategien. Es gibt also viele Wege, die nach Rom führen.
Stellen wir einige Strategien zumindest im Überblick vor.

JIM ROGERS

Das Investment-Genie Jim Rogers empfiehlt zum Beispiel:
„*Ich warte einfach, bis Geld auf der Straße liegt, und alles, was ich tun muss, ist, dorthin zu gehen und es aufzuheben. Unterdessen tue ich nichts.*"
Jim Rogers, ein überaus erfolgreicher Fonds-Manager und Schriftsteller, machte sich schon früh in der Börsenwelt einen guten Namen. Nach eigener Aussage hatte er 1970, als er den *Quantum Fonds* startete, gerade einmal 600 US-Dollar in der Tasche. Innerhalb von zehn Jahren konnte sein Portfolio bereits einen 4.200-%-igen Zuwachs verzeichnen.
Doch kommen wir zurück auf das eingangs genannte Zitat. Dieses Prinzip beinhaltet die erste magische Formel für Supererfolg. Wenn Sie wirklich hohe und höchste Gewinne realisieren wollen, dann sollten Sie sich nur dann engagieren, wenn die Gelegenheit überwältigend gut ist – laut Rogers.
Besonders zu Beginn ihrer Börsenaktivitäten neigen viele angehende Investoren dazu, in eine Art nervös-hektische Überaktivität zu verfallen und auf alle möglichen Anreize und „heißen Tipps" aus dem Umfeld zu reagieren. Doch wie heißt es so schön: „In der Ruhe liegt die Kraft". Das gilt eben nicht nur für das Leben allgemein, sondern auch für die Börse. Sie werden sich bei dieser Strategie darauf beschränken, nur nach außergewöhnlichen Gelegenheiten Ausschau zu halten und ansonsten den

lieben Gott einen guten Mann sein zu lassen, wie es so schön heißt. Man geht hier wie folgt vor: Sie packen alle „Könnte-vielleicht hinhauen"-Trades beiseite und steigen eben nicht ein. Sie üben sich im Nichtstun, auch wenn es Ihnen angesichts Ihres natürlichen Drangs, beschäftigt zu bleiben und schöne Zinsen einzuheimsen, schwerfällt.
Rogers magische Formel besagte einfach das: In der Lage zu sein, lässig auf einem Batzen Geld sitzen und auf die Trades mit niedrigem Risiko und hoher Belohnung warten zu können.
Genau so baute Rogers ein ungeheures Vermögen auf.

WILLIAM PETER HAMILTON
Ebenfalls eine Investor-Legende ist William Peter Hamilton.
Hamilton (1867–1929), Stellvertreter von Charles H. Dow und der vierte Redakteur des *Wall Street Journals*, setzte das Vermächtnis von Dow nach dessen Tod im Jahre 1903 fort. Hamiltons Trend-Vorhersagen waren frappierend genau, und eine ganze Reihe seiner Zeitgenossen verdanken ihm ihr Vermögen. Kaum ein anderer Marktanalyst genoss ehemals deshalb das Ansehen Hamiltons.
Man könnte Hamiltons Strategie als die Politik der systematischen Beobachtung bezeichnen, die eine vermutete Preisentwicklung bestätigt oder widerlegt.
Ein Beispiel: Ende 1999 zog der Technologie-Sektor gigantisch an. Der Trend dauerte fünf Jahre lang. Technologieunternehmen wurden geradezu grotesk überbewertet und manchmal zu ihrem 100- oder 200-fachen Ertrag gehandelt. Der Hype war schlichtweg überwältigend.
Viel erfahrene Trader versuchten, dagegen zu halten und setzten auf einen Zusammenbruch des Technologsektors. Doch die Trader, die sich tatsächlich auf diese Wette einließen, verloren. Sie unterschätzten den völlig irrationalen Wahnwitz des Marktes und spekulierten zu früh auf eine Korrektur des Marktes. Der Irrwitz hielt an, und die Aktien dieses Teilmarktes schossen in den folgenden Monaten höher und höher. Natürlich kippten die Technologie-Aktien eines Tages. Die Pessimisten wurden also erst *lange nach* ihrer Prognose „bestätigt". Mit anderen Worten: Sehr viel später wurde der Punkt erreicht, da der Markt zur Vernunft kam und die Blase platzte.
Die Lektion? Wollen Sie klug und umsichtig vorgehen beim Traden, so warten Sie besser immer erst den Zeitpunkt der „Bestätigung" ihrer Pro-

gnose ab, bevor Sie viel Geld auf den vermuteten Verlauf des Marktes wetten. Einer goldenen Regel zufolge sollten Sie, um auf Nummer sicher zu gehen, immer erst eine gute Weile zuwarten, bis Sie sicher wissen, dass sich der Preis nun in die Richtung bewegt, die Sie vermuten.

JESSE LIVERMORE

„*Es war nie mein Denken, das mir viel Geld eingebracht hat. Es war immer mein abwarten. Haben Sie das verstanden? Mein beharrliches Abwarten*!"
Das schrieb Jesse Livermore in den Zwanziger Jahren des 20. Jahrhunderts. Kaum jemand genoss zu seiner Zeit so viel Respekt wie eben Jesse Livermore (1877–1940). Während der Zusammenbrüche des Börsenmarktes 1907 und 1929 gelang es ihm, ein Multi-Millionen-Dollar-Vermögen aufzubauen, was ihm nicht eben wenig Ruhm einbrachte. Allerdings schaffte er es nicht, sein Vermögen zu halten, er verlor es wiederholt. Selbst riesige Gewinne irritierten Livermore nicht. Sogar ein sagenhafter Anstieg von 20%, 50% oder 100% bei der einen oder anderen Position konnte ihn nicht dazu bewegen, von einer einmal gefassten Strategie abzulassen und zu verkaufen. Er wartete weiter beharrlich ab. Das erforderte eine Menge Standfestigkeit, über die nicht jeder Börsianer verfügt. Hierbei handelt es sich jedoch um eine höchst riskante Strategie.
Sollten Sie sie ausprobieren?
Natürlich müssen Sie absolut überzeugt sein, dass Ihre Aktien noch mehr „Luft nach oben" besitzen. In diesem Fall bleiben Sie nicht auf halber Strecke stehen. Andernfalls berauben Sie sich selbst Ihrer Gewinne.
Aber das Spiel ist wie gesagt riskant.
Sicherlich gibt es legitime Gründe, aus einem Trade auszusteigen und eine Position zu verkaufen. Ihre Aktien könnten beispielsweise in der Folge mehr als 15% fallen oder trotz einer bullishen Marktlage penetrant stagnieren.
Sofern diese Gründe jedoch nicht vorliegen, werden Sie an der Börse tatsächlich nur dann ein großes Vermögen aufbauen, wenn Sie frühzeitig in einen Trend einsteigen und dann jahrelang an Ihren entsprechenden Positionen festhalten. Das erfordert sehr viel Disziplin.
Wussten Sie, dass Warren Buffett, der anerkannt weltweit erfolgreichste Investor, sich gegenüber anderen Investoren dadurch auszeichnet, dass er „auf seinem Hintern sitzt und viel liest"? Auch für ihn gilt das „Prinzip des Sitzfleisches" und der langfristigen Aktien-Anlage.

HUMPHREY NEILL

Humphrey Neill, ebenfalls ein Investor der Spitzenklasse, argumentierte dagegen, dass es weitaus klüger ist, sich gegen Verluste abzusichern. Nehmen wir an, Sie finden eine Aktie gefunden, die nach oben schießt. Das Timing war perfekt, denn die Aktie krabbelt weiter und weiter nach oben. Sie harren jedoch weiter aus und werden ein Meister des Zuwartens. Nach einiger Zeit können Sie tatsächlich einen 500-%-igen Zuwachs verzeichnen. Genau hier lauert die Falle, laut Neill, in die viele Trader hineinstolpern und die ihnen leicht das Genick bricht. Sie erkennen einen Bullenmarkt nicht als das, was er ist … eben einfach ein Bullenmarkt. Sie glauben stattdessen, dass sie ihre Glückssträhne allein ihrer umwerfenden Intelligenz zu verdanken haben.

Doch wir alle kennen den guten alten Spruch: „Hochmut kommt vor dem Fall“. Hochmut an der Börse, das heißt die Idee, man wüsste ohnehin alles besser, ist tatsächlich gefährlich. Der Anfänger weiß immerhin, dass er noch viel lernen muss und wird umso peinlicher darauf bedacht sein, aufzupassen. Doch wer sich selbst für genial hält und seine Erfolge dank eines steigenden Bullenmarktes auf seine eigene Schlauheit zurückführt, hat schon verloren. Aufgrund arroganter Selbstüberschätzung unterlässt er es, die notwendigen Sicherheitsmaßnahmen einzurichten, wie zum Beispiel eine elektronische *Stop-Loss-Order*, die automatisch einen Investor aus einer Aktie hinauswirft, wenn ein bestimmter (niedriger) Punkt erreicht ist, so dass keine weiteren Verluste anfallen. *Trailing-Stopps* sind eine noch bessere Alternative.

„Wie gewonnen, so zerronnen“, lautet deshalb ein anderes geflügeltes Wort. Einige Spekulanten verlieren deshalb ihr neu gewonnenes Vermögen ebenso rasch wie sie es erwirtschaftet haben.

Es gibt also einen schmalen Grat zwischen Selbstvertrauen und Überheblichkeit. Auch das gesündeste Selbstvertrauen sollte nie so weit gehen, dass Sie alle gebotenen Sicherheitsmaßnahmen außer Acht lassen. Der Markt ist auch für den klügsten und erfahrensten Börsianer immer ein potentiell gefährlicher Platz, zumindest wenn er sich dort wie auf einem Drahtseil ohne Netz bewegt.

Einmal Recht zu haben bedeutet nicht zwangsläufig, immer Recht zu haben. Es gab in der Geschichte der Börse zahlreiche Bubbles, Seifenblasen also, die eines Tages einfach zerplatzten. Von einem Tag auf den anderen kann sich an der Börse alles komplett ändern.

STANLEY DRUCKENMILLER

„Wenn Sie von einem Trade voll und ganz überzeugt sind, müssen Sie voll dafür gehen. Es braucht Mut, ein Schwein zu sein." Diese beiden Sätze stammen von Stanley Druckenmiller.

Dieses Zitat ist jedoch mit äußerster Vorsicht zu genießen. Das gewaltige Potential, das in ihm steckt, kann in beide Richtungen losgehen, nach hinten und nach vorn, wie eine alte Flinte. Es kann Sie motivieren und voranbringen oder aber bewirken, dass Sie mit Mann und Maus untergehen.

Stanley Freeman Druckenmiller (Jahrgang 1953), ein amerikanischer Investmentfonds-Manager, gründete im Jahre 1981 den *Fonds Duquesne Capital*, den er aber im August 2010 wieder schloss, weil er sich nicht in der Lage sah, den Investoren hohe Erträge zu bescheren. Zu diesem Zeitpunkt belief sich das Kapital des Fonds auf 12 Milliarden US-Dollar. Druckenmiller hat mit und für George Soros gearbeitet, dem er einen Großteil seines Wissens verdankt. Bei ihm lernte er auch, „ein Schwein zu sein". Mit dieser Einstellung verdiente er allein im Jahre 2008 rund 150 Millionen US-Dollar.

Aber was bedeutet der Ausdruck? Er bedeutet, alles auf eine Karte zu setzen.

Wenn Sie sich an diesen Rat halten, können Sie potentiell ein Vermögen machen. Doch wohlgemerkt: Die Betonung liegt auf *potentiell*.

Auf der anderen Seite lautet eine alte Börsenweisheit:

„*Bullen* machen Geld, *Bären* machen Geld, aber *Schweine* werden einfach geschlachtet!»

Der Markt kann steigen (Bullenmarkt) oder fallen (Bärenmarkt). Ob Sie nun als Bulle oder als Bär agieren, sprich ob Sie auf fallende oder steigende Kurse wetten, Sie haben immer die Chance, eine Menge Geld zu verdienen. Doch sobald ein Investor oder Trader zu einem Schwein mutiert, das heißt zu gierig agiert, ist sein Schicksal in den meisten Fällen besiegelt.

Doch wie immer gibt es Ausnahmen. Soros genau wie Druckenmiller repräsentieren die Ausnahmen von der Regel, sie sackten enorme Gewinne ein.

Hohes Risiko entspricht also manchmal hoher Belohnung.

Wir persönlich sind indes keine Freunde dieser Strategie. Sie erfordert, mehr oder weniger sein gesamtes Geld auf einige wenige Unternehmen oder sogar nur ein einziges Unternehmen zu setzen und *alles* zu riskieren.

Ein solches Wagnis birgt das Risiko, auch alles zu verlieren. Wirklich katastrophale Verluste – die Größenordnung also, die den Bankrott bedeutet – entstehen immer dann, wenn Börsianer fast alles auf eine einzige oder einige wenige Positionen setzen, weil hier angeblich gerade die Post abgeht. In der Regel sind Sie als Investor besser beraten, wenn Sie maximal 5 % Ihres Geldes in eine „revolutionäre Idee" investieren, wo Ihnen angeblich später die gebratenen Tauben ins Maul fliegen. Wenn Sie zusätzlich noch auf dieser 5-%-Position eine *Stopp-Loss-Order* von 20% einrichten, verlieren Sie im worst-case-scenario nur 1% Ihres gesamten Geldes. Der „todsichere Tipp" bedeutet auch für erfahrene Trader ein enormes Risiko.
Halten wir an dieser Stelle ein. Wie Sie sehen, gibt es absolut unterschiedliche, ja direkt gegensätzliche Investment-Strategien mit Aktien.
Noch einmal: Wir raten dazu, zu investieren und nicht zu spekulieren.

KLEINES FAZIT ÜBER AKTIEN

Nun sind aus unseren „Zwei Wörtern über Aktien" doch ein paar Wörter mehr geworden. Immerhin wissen Sie jetzt, wie Sie mehr aus Ihrem Geld machen können. Noch einmal: Es ist notwendig, zu lernen und nochmals zu lernen. Aktien sind zwar die beste Geldanlage, aber sie sind auch mit Vorsicht zu genießen. Nur derjenige gewinnt hoch, der über die besten Informationen verfügt.
Sie werden *sehr* viel Geld verdienen, wenn Sie sich wirklich mit Aktien auskennen und alles genau durchdenken und durchrechnen.
Aber wiederholen wir auch diesen Rat: Beauftragen Sie nicht Ihre Bank damit, Ihre Aktien zu verwalten. Sie wird ihnen selten oder nie die Aufmerksamkeit zuteilwerden lassen, die Sie ihnen zukommen lassen. Im Gegenteil: Es gibt einige gut dokumentierte Skandale, da Banken das Aktienvermögen einiger Kunden vollständig vernichteten.
Übergeben Sie grundsätzlich Ihr Geld nicht einer anderen Person. Behalten Sie stets vollständig die „Kralle" auf Ihrem Geld. Die Tragödien, die sich darum ranken, da Geld veruntreut wurde, selbst von den „besten Freunden" und den „zuverlässigsten Beratern", sind so zahlreich, dass man Bände damit füllen könnte.
Sie müssen immer Herr über *Ihr* Geld bleiben.
Das führt uns zu einem letzten Ratschlag über einen prominenten Sachwert.

13. SO LIEGEN SIE GOLDRICHTIG

Kein anderes Metall beeinflusste die Geschichte der Menschheit so nachhaltig wie Gold. Das klassische Goldland des Altertums war Ägypten. Schon im fünften vorchristlichen Jahrtausend wurden hier alle möglichen Gegenstände aus Gold hergestellt oder mit Gold verziert. Das verarbeitete Gold wurde „Elektron“ genannt und war von weißlicher Farbe, da es meist mit Silber, Platin und einigen anderen Metallen vermischt war. Etwa um 4.000 v. Chr. entdeckten die alten Ägypter die Kunst oder die Technik, wie man Metalle schmelzen konnte. Daraufhin schmolzen sie unter anderem goldene Metallkörner zu größeren Goldklumpen zusammen. Rund 3.000 v. Chr. gossen sie Gold bereits in einheitliche Barren und verwendete sie als Zahlungsmittel. Wir verdanken den alten Ägyptern sehr viel mehr als wir es uns manchmal selbst zugestehen …

Gold repräsentierte früh Geld und Macht zugleich, in allen möglichen Ländern und zu allen möglichen Zeiten. Goldschmuck zierte Könige, Priester und Frauen. Gräber und Götterstatuen wurden mit Gold ausgestattet. Mit Gold verzierte man Kultgegenstände und verschönerte man Kunstobjekte.

Aber nicht nur im Altertum, auch im Mittelalter und in der Neuzeit spielte Gold eine überragende Rolle. Aufgrund von Goldvorkommen verließen Menschen im „Goldrausch“ ihre Heimat, wanderten aus und begannen, in fernen Ländern ihr Glück zu versuchen. Um in den Besitz des begehrten Metalls zu gelangen, wurden sogar neue Kontinente entdeckt. Das glänzende, gelbe Metall schlug die Menschheit stets in seinen Bann, es übte schon immer und nahezu überall eine eigenartige Faszination aus.

Bis heute hat das „königliche Metall“ mit dem chemischen Zeichen Au (= aurum, lat. = *Gold*, spezifisches Gewicht 19,32) nichts von seiner Strahlkraft eingebüßt. Es existieren alle möglichen Erscheinungsformen. Es gibt Goldsand, Goldklümpchen, Nuggets genannt, und wir finden es innerhalb von Gesteinen und Bergen. Es kommt außerdem reichlich als Spurenelement in der Natur vor. Man unterscheidet heute zwischen Goldschmuck, Industriegold, Barren- und Münzgold, Gold-Medaillen, Gold-Zertifikaten, Gold-Aktien und einigem mehr.

Scheinbar gibt es einen Überfluss an Gold, aber Experten wissen, dass das Ende der Goldvorräte auf der Erde bereits abzusehen ist, weshalb es klug ist auf Gold zu setzten. In Australien, in den USA, in Russland

und in Kanada wurde Gold gefunden, und trotzdem erschöpfen sich die Goldvorräte zunehmend.
Gold wird also immer wertvoller. Außerdem besitzt es zahlreiche Vorteile: Gold kann man anonym erwerben, es ist leicht aufzubewahren und zu transportieren. E ist problemlos verkäuflich, weltweit tatsächlich, es wird überall akzeptiert. Es ist eine wertsichere Anlage und bietet Schutz bei politischen und wirtschaftlichen Wirren. Die Chancen, dass sein Wert steigt, sind hoch, es ist nicht entwertbar und nicht beliebig vermehrbar. Gold ist zudem „diskret" und kann leicht dem Zugriff entzogen werden. Es repräsentiert höchsten Wert auf kleinstem Raum. Gold ist ein Notgroschen in Krisenzeiten, es ist absolut inflationsresistent.
Einige Völkerschaften sind regelrecht besessen von Gold, wie die Chinesen oder die Araber.
Der Nachteil des Goldes besteht darin, dass es keine „Zinsen" abwirft, es arbeitet nicht aktiv, wenn man von Gold-Aktien absieht. Gute Aktien dagegen versorgen den Anleger mit einer ordentlichen Dividende, und bei Immobilien, ist die „Miete" der Zins, wie wir bereits wissen.
Der klassische Umschlagsplatz für Gold und die traditionsreichste Goldbörse der Welt zugleich ist London. Hier laufen alle Informationen zusammen, der Goldpreis wird in London täglich neu fixiert. Fünf traditionelle englische Handelshäuser, genannt „The London Gold Market", legen den Preis fest, der überall akzeptiert wird. *Samuel Montagu & C. Ltd., N. M. Rothschild & Sons Ltd., Johnson Matthey Bankers Ltd., Mocatta Goldsmid Ltd.* Und *Sharps Pixley Ltd.* sind die Götter der Szene in London. Auch in Zürich, in Paris und in Frankfurt am Main gibt es entsprechende Märkte, aber London ist noch immer der Nabel der Welt, was Gold angeht.
England überpowert die Schweiz, Frankreich und Deutschland in Bezug auf Gold.

GOLD ALS WERTANLAGE

Wie im Falle der Aktien gibt es unterschiedliche Grafiken, die Ihnen „beweisen", dass es richtig ist, in Gold zu investieren.
Doch aufgepasst! Es kommt immer auf die Grafik an. Ist sie langfristig angelegt und umfasst sie einen großen Zeitraum oder wurde nur eine sehr kurze Zeitspanne optisch in einer Kurve vorgestellt? Welcher Vergleich wird gewählt, sprich mit welcher anderen Geldanlage wird Gold vergli-

chen? Mit dem Dollar? Mit der internationalen Aktie? Mit Immobilien? Nichts ist manipulierbarer als eine Grafik oder eine Statistik, die beide doch so „objektiv“ daherkommen.

Ja, Gold ist fabelhaft, auch für den Investor, obwohl einige Fachleute Gold als „Geldanlage“ nicht gelten lassen, denn es wirft wie gesagt normalerweise keine Zinsen ab.

Aber welchem „Gold“ sollten Sie den Vorzug geben?

Am interessanten sind Goldbarren und Goldmünzen.

Goldbarren gibt es in diesen Größen 5 g, 10 g, 20 g, 31,3 g, 50 g, 100 g, 250 g, 500 g, 1.000 g und 12,5 kg. Die gebräuchlichsten Anlageformen sind 10 g bis 1.000 g.

Berechnet wird Gold nach Karat:

24 Karat = 1000/1000 = reines Gold
18 Karat = 750/1000 Gold
14 Karat = 585/1000 Gold
8 Karat = 333/1000 Gold

Selbstredend sind 24 Karat am besten.

Eine eigene kleine Wissenschaft für sich sind Goldmünzen.

MÜNZEN – EIN ÜBERBLICK

Profis unterscheiden zwischen

- *Numismatischen Münzen*, sprich Sammlerstücken, die vor 1804 geprägt wurden. Die Kriterien, die hier den Wert bestimmen, sind Seltenheit, Alter, Zustand und Schönheit.
- Weiter gibt es *halbnumismatische Münzen*. Auch hierbei handelt es sich um Sammlerstücke, die jedoch zwischen 1804 und 1850 geprägt wurden.
- Darüber hinaus existieren sogenannte *Kurantmünzen*, worunter man bestimmte Silbermünzsorten mit Währungsfunktion versteht, sowie …
- … *Barren-Münzen* (wie den kanadischen *Maple Leaf* oder den südafrikanischen *Krügerrand*) und
- noch ein paar Münzarten mehr, die wir aber zu unserer und zu des Lesers Erleichterung nicht alle anführen müssen.

Für die reine Geldanlage, die nicht vom Sammlergeist geprägt ist, sind besonders die Barren-Münzen interessant, die auch „Bullion-Coins“ genannt werden. Beim *Maple Leaf* und beim *Krügerrand* entspricht der Kaufpreis dem Gold-Metallwert. Wenn Sie hier also zuschlagen, können

Sie wenig falsch machen.
Andere wichtige Goldmünzen sind
20 Mark (Deutsches Reich),
20 fr Vreneli (Schweiz),
20 fr Napoléon (Frankreich),
20 $ Double Eagle (USA) und
100 österreichische Kronen.
Aber bleiben Sie wie gesagt beim *Maple Leaf* und beim *Krügerrand*, wenn Sie in Goldmünzen investieren wollen.

INVESTMENT-GOLD
Sofern Sie kein Münzexperte und Münzsammler sind, raten wir dazu, sehr einfach auf Goldbarren zu setzen.
Auch Gold-Aktien können interessant sein, aber dies erfordert erneut eine eigene Expertise, die vorzustellen der Umfang dieses Buch verbietet. Gold-Aktien werden von Goldminen-Gesellschaften herausgegeben, die meist in Südafrika oder Kanada beheimatet sind.
Klar abraten müssen wir von folgenden Gold-Investments: (1) Goldsparplänen, (2) nicht nachvollziehbaren oder dubiosen „Goldzertifikaten", (3) Goldschmuck und (4) Gold-Medaillen.
Goldschmuck ist als Geldanlage deshalb ungeeignet, weil hier selten oder nie reines Gold verarbeitet wird. Bei Gold-Schmuck und Gold-Medaillen übersteigt der Kaufpreis bei weitem den Metallwert.

WERTZUWACHS
Grundsätzlich sind wir Freunde des Goldes, denn Gold ist ein Sachwert. Kein anderes Metall war über die Jahrhunderte und Jahrtausende so wertbeständig. Aber wenn Sie zu einem zu hohen Goldpreis einsteigen und der Preis daraufhin absinkt, wie dies in jüngster Vergangenheit beobachtet werden konnte, mögen Sie kurz- und mittelfristig viel Geld verlieren. Es ist deshalb richtig, nicht anders als bei Aktien, eine neue Tiefstposition abzuwarten, bevor man einsteigt.
Von aktuellen Schwankungen abgesehen, die freilich beträchtlich sein können, steigt Gold dennoch insgesamt ständig, was Sie inzwischen nicht mehr verwundern dürfte, denn die Inflation frisst Papiergeld demgegenüber ständig auf und mindert seinen Wert.
Die wichtigsten Faktoren, die den aktuellen Goldpreis beeinflussen, sind:

- die Inflation,
- die Nachfrage,
- das Angebot,
- globale Krisen (Gold steigt dann gewöhnlich),
- die Zinshöhe im Rahmen der Banken und
- der Wert des US-Dollars.

Wird der Goldpreis manipuliert? Wird er künstlich nach oben und nach unten getrieben?
Oh bitte! Wir hoffen, die vorangegangen Seiten verführen Sie dazu, Ihre eigenen Schlüsse zu ziehen, die nicht von Naivität geprägt sind.
Natürlich wird sie jeder Gold-Händler in „sein Gold" hineinschwätzen wollen.
Was also sind wichtige Informationen, die Ihnen normalerweise vorenthalten werden?

INSIDER-INFORMATIONEN
Die Gretchenfrage lautet: Wo können Sie Gold am günstigsten einkaufen?
Nun, Sie haben es bereits erraten: Gewiss nicht bei Banken.
Doch wie sieht es aus, wenn Ihnen beispielsweise von privater Seite Gold-Münzen angeboten werden?
Seien Sie kurz gesagt auf der Hut. Lassen Sie ein solches Angebot immer erst von einem autorisierten Händler überprüfen.
Es gibt inzwischen Münzfälschungen zuhauf. Der Käufer glaubt also, eine besonders wertvolle alte Goldmünze zu sehen, während er nicht weiß, dass der Verkäufer lediglich eine bekannte, wertvolle alte Goldmünze gefälscht hat, oder der Verkäufer saß selbst ehemals einem Fälscher auf.
Selbst „Gold-Zertifikate", die die Echtheit einer Goldmünze bestätigen, können gefälscht sein.
Seien Sie so misstrauisch wie ein Wachhund.
Was also bleibt Ihnen übrig?
Nun, wenn Sie kleine Mengen Gold einkaufen, sagen wir bis zu 1 Kilo, können Sie Stückelung in kleine Barren von 1 g bis 1 Unze (31,1 g) den Vorzug geben.
Bestimmte Mengen kann der Interessent direkt bei der LBMA (= London Bullion Market Association) erwerben, er muss nur pfiffig genug sein,

entsprechende Kontakte zu knüpfen. Kommt er hier nicht direkt zu Potte, sollte er es bei Internethändlern versuchen, wo der Ausgabe-Aufschlag nicht zu hoch ist.
Bei großen Mengen (ab 1 kg) oder 50.000 Dollar Investitionssumme könnte sich jedoch ein Flugticket nach Dubai oder eine Fahrt in die Türkei lohnen.
In Dubai kann der Interessent in der berühmten *Gold sough*, der Schmuck- und Einkaufsmeile, versuchen, über Schmuckhändler direkt eine Verbindung zu einer der beiden größten Schmelzen in Dubai herzustellen. Erfahrungsgemäß braucht der Kunde keine Bedenken wegen Betrugs zu hegen. Die Regeln sind in Dubai äußerst streng, was den Goldhandel angeht.
Was die Türkei betrifft oder genauer gesagt türkische Verbindungen, so empfiehlt es sich, in Deutschland zunächst einen türkischen Altgoldankäufer zu kontaktieren. Sie verfügen in der Regel über ausgezeichnete „Drähte" zu der bekannten Istanbul-Schmelze.
Die bisherigen Erfahrungen von Goldeinkäufen über die Türkei sind insgesamt überwiegend positiv. Das Gold ist gewöhnlich in Ordnung, jedoch sind die Türken in der Lieferung eher unzuverlässig, was Zeitabsprachen angeht. Manchmal kultivieren die Türken auch eine andere Auffassung, was „reines Gold" ist. In der Türkei wird 999.5 Gold (Rotgold) zum Teil immer noch als reines Gold angesehen und verkauft. Der Stempel auf dem Barren sollte jedoch immer 999.9 sein und ein Stempel (Siegel) der LBMA- Schmelze tragen. Das garantiert die Reinheit.

DIE SÜNDEN DES GOLDMARKTES

Wenn eine Sünde darin besteht, Gold zu teuer anzubieten, so könnte man augenzwinkernd sagen, dass Banken unlauter sind, wenn es um Goldbarren geht.
Der Goldpreis ist hier gewöhnlich zu hoch.
Weiter sind alle „Goldsparverträge" von Banken nicht empfehlenswert, jedenfalls wurde mit ihnen in der Vergangenheit regelrecht Schindluder getrieben, viele Zeitgenossen wurden übel abgezockt.
Darüber hinaus sollten Sie niemals in oder aus Afrika Gold einkaufen. In Afrika gibt es keine Schmelzen, die 999.9 Karat Gold garantieren können. Schließlich ist es nicht empfehlenswert, Ihr Gold zu bezahlen, bevor Sie das Gold gesehen haben und in der Hand halten. Versprechungen sind billig, Papiere auch, selbst wenn sie unterzeichnet sind. Die größten Betrügereien gehen auf diese Art und Weise über die Bühne: Vollmundig wird

beispielsweise die Lieferung von einigen Kilogramm Gold versprochen. Der törichte Einkäufer zahlt vorab und erkennt schließlich entsetzt, dass das Unternehmen, das ihm das Gold angeblich verkaufen will, Bankrott angemeldet hat und nicht liefert. Von Panik geschüttelt forscht er weiter nach und erfährt, dass der Inhaber des Unternehmens und alle Mitarbeiter zudem auf Nimmerwiedersehen verschwunden sind.
„Aufenthaltsort unbekannt".
Lassen Sie sich auch nie darauf ein, Gold abzuholen. Richtig ist es dagegen, sich Gold bringen zu lassen und es erst zu bezahlen, wenn Sie es gesehen und geprüft haben.
Damit sind wir am Ende unseres Buches angelangt. Fast jedenfalls. Denn das letzte Kapitel vermittelt Ihnen einen letzten Rat, wie Sie noch smarter vorgehen können, wenn Sie höhere Zinsen für Ihr Geld erwirtschaften wollen.

14. ZAUBERWORT *ANWENDUNG*

Eine gute Investment-Philosophie besteht darin, verschiedene Märkte im Auge zu behalten. Wenn man nur den Goldmarkt, den Immobilien-Markt und den Aktien-Markt systematisch beobachten würde, wäre folgender Umstand sehr rasch erkennbar: Ein Markt liegt immer am Boden.
Die älteste Investment-Weisheit der Welt lautet jedoch, dann zu kaufen, wenn Preise im Keller sind.
Theoretisch müsste man also nur dann Immobilien kaufen, wenn der Markt gerade „unten“ ist. Sobald er sich erholt, könnten Sie in einen anderen Markt „umsteigen“ und zum Beispiel Aktien kaufen, die möglicherweise gerade preiswert zu haben sind.
Wenige Investoren tun dies jedoch, aus dem ganz einfachen Grunde, weil sie sich bestenfalls in einem einzigen Markt einigermaßen gut auskennen. Dabei sind alle Märkte leicht zu verstehen, wenn man nur die grundlegenden Gesetze kennt.
Noch einmal: Picken Sie einfach den Markt heraus, der gerade am Boden liegt. Das heißt, hören Sie genau zu, wenn ein Markt kaputtgeredet wird und alle sich mit Abscheu von ihm abwenden.
Genau hier liegt Ihre Chance.
Grundsätzlich ist es die Aufgabe jedes verantwortungsvollen Zeitgenossen, sich um die eigenen Finanzen persönlich zu kümmern, denn Finanzen und Geld repräsentieren Überleben. Mit genügend Finanzen kann man 90% aller anstehenden Probleme leicht oder zumindest leichter lösen. Aber wenn Finanzprodukte absichtlich kompliziert und verwirrend präsentiert werden, so wie es heute eben der Fall ist, kann sich der Laie in diesem Labyrinth von Fachausdrücken schnell verirren.
Genau aus diesem Grund wurden die vorliegenden Seiten verfasst. Unsere Absicht bestand darin, dass Sie eines Tages selbst die unterschiedlichen Finanzprodukte bewerten und verstehen können.
Wir hoffen deshalb, Ihnen damit zumindest einen ersten Wegweiser an die Hand gegeben zu haben, der Ihnen hilft, künftig sehr viel höhere Zinsen für Ihr Geld zu erwirtschaften.
Dieses vorliegende Buch sollte lediglich als ein Anfang verstanden werden.
Es ist richtig, systematisch und ständig weiterzulernen, was das Thema Geld angeht.

Warum? Es geht um *Ihr* Geld.
Lassen Sie sich in Zukunft nicht mehr für dumm verkaufen und geben Sie sich nicht mehr mit niedrigen Zinsen zufrieden.
Ja, vielleicht müssen Sie „Arbeit“ investieren, aber Sie werden schlussendlich *sehr* viel Geld verdienen, wenn Sie intelligenter als bislang Ihr Geld anlegen.
Es gibt zwei Erfolgssentenzen, die da lauten:
Groß frisst klein.
Schnell frisst langsam.
Beide stimmen zu einem gewissen Grad.
Aber noch wichtiger sind diese beiden Grundsätze:
Wissen schlägt Unwissen.
Tun schlägt Nichttun.
Das Zauberwort heißt in der Folge also *Anwendung*. Nur wenn Sie fleißig genug sind, selbst zu recherchieren und mutig genug, Ihre Recherchen in der Folge in die Tat umzusetzen und anzuwenden, werden Sie mit höheren Zinsen belohnt werden.
Der Ball liegt jetzt in Ihrem Spielfeld.

KLEINE DANKSAGUNG
Dieses Buch hätte nicht geschrieben werden können ohne die Mitarbeit einiger hoch geschätzter Kollegen und Fachleute. Deshalb wählte der Autor die „Wir-Form“, wenn er die Sichtweise des Verfassers darlegte. Hierunter ist also keinesfalls der „Pluralis Majestatis“ zu verstehen, sondern es sollte damit nur zum Ausdruck gebracht werden, dass viele Kollegen „im Geiste“ mitwirkten. Ihnen allen sei Dank gesagt.

LITERATURVERZEICHNIS

Kleiner Blick in die Geschichte

1 Karlheinz Deschner, Kriminalgeschichte des Christentums, Bd. 3, Reinbek bei Hamburg, 1996, S. 346
2 Karlheinz Deschner, a. a. O., S. 302
3 Rapp, gef. bei Deschner, S. 433
4 Hl. Hieronymos, gef. bei Deschner, S. 434ff
5 Karlheinz Deschner, a. a. O., S. 488
6 Will Durant, Das frühere Mittelalter, Frankfurt 1981, S. 455
7 Will Durant, a. a. O., S. 476
8 Ex, 22, 24
9 Vgl. Frank Fabian, Die mächtigsten Geheimbünde in Geschichte und Gegenwart, Wirtschafts-Verlag Suhl, 2016

Die Magie des Zinseszinses

1 Quelle: http://www.zins-zinseszins.de/zinseszins-tabelle-diagramm

Die Infamie des Zinseszines

1 Torben Käselow, Jungmillionäre, München, 2015

Im gleichen Verlag erschienen

Gründe für den Aufstieg und Fall von Zivilisationen

"Was wir aus 10.000 Jahren Geschichte lernen können"

Frank Fabian
ISBN: 978-3-936652-21-5
Preis: 19,80 Euro

Gesetze der Macht
Code der Geschichte

Wie man Friedensstifter fördern und Kriegstreiber stoppen kann!

"Die Kunst des Friedens"
- Wie Frieden aktiv herbeigeführt und aufrechterhalten werden kann -

Frank Fabian
ISBN: 978-3-936652-14-7
Preis: 19,80 Euro

Das Buch für eine neue Friedenskultur!

... Spektakulär und mitreisend ... ein Leben auf der Überholspur ... als ... Chemiker, Top-Manager und Unternehmer, Musiker, Weltreisender, Sportler, Akademiker und pensionierter Sammler ...

"Sieben Leben"
- Eine Autobiografie -

Prof. Dr. Bernhard Seitz
ISBN: 978-3-936652-30-7
Preis: 24,80 Euro

... bereiste ALLE Staaten der Erde ...
... baute mehrere florierende Unternehmen auf ...

Ihrer „Geheimnisse" entledigt
Tempelritter . Assassinen . Jesuiten . Opus Dei . Rosenkreuzer . Illuminaten . Freimaurer . Hitlers Geheimbünde

"Die mächtigsten Geheimbünde in Geschichte und Gegenwart"

Frank Fabian
ISBN: 978-3-936652-23-9
Preis: 14,80 Euro

Fakten und historische Tatsachen, die bekannt sein sollten!

Geschichte als Quelle und Inspiration für
NEUES DENKEN